探索　实践　创新

——2015 年教学成果汇编

西安电子科技大学教务处　编

西安电子科技大学出版社

图书在版编目(CIP)数据

探索 实践 创新：2015年教学成果汇编 / 西安电子科技大学教务处编.
—西安：西安电子科技大学出版社，2016.6
ISBN 978‐7‐5606‐4142‐3

Ⅰ. ①探⋯ Ⅱ. ①西⋯ Ⅲ. ①西安电子科技大学—教学工作—成果—汇编
—2015 Ⅳ. ①G642

中国版本图书馆 CIP 数据核字(2016)第 131232 号

责任编辑　雷鸿俊
出版发行　西安电子科技大学出版社(西安市太白南路 2 号)
电　　话　(029)88242885　88201467　邮　　编　710071
网　　址　www.xduph.com　　　　　电子邮箱　xdupfxb001@163.com
印刷单位　虎彩印艺股份有限公司
版　　次　2016 年 6 月第 1 版　2016 年 6 月第 1 次印刷
开　　本　850 毫米×1168 毫米　1/32　印　　张　6
字　　数　149 千字
定　　价　20.00 元
ISBN 978‐7‐5606‐4142‐3/G
XDUP 4434001‐1
＊＊＊ 如有印装问题可调换 ＊＊＊

序

近年来，西安电子科技大学(以下用"我校"代替)在本科教育教学方面不断完善人才培养体系，注重打造电子信息领域一流的本科教育，构建各具特色的学院人才培养模式；以一流的专业建设为目标，扎实推进专业认证和专业自评；实施本科质量监控地貌图，构建数据驱动的精细化质量考核体系；大力推进公开课程建设和课堂教学改革，提升实验教师综合能力和学生实验实践能力。在实施"本科生教育质量提升计划"过程中涌现出了一批效果显著，辐射示范作用明显，有重要推广价值的优秀教学成果。例如：探索、建立、检验了一批新的人才培养模式；在行业特色型大学实践教学体系建设方面取得了可喜成果；课程建设方面，我校"信号与系统"等一批精品开放课程建设的优秀成果获得好评；学校在大学生创新创业教育工作中构建的"'631'大学生创新创业教育体系"，经过实践证明应用效果显著；立足于立德树人、培养红色传人，在传承红色文化特别是我校独有的红色校史文化基础上创新思政课教学模式；等等。

2015 年我校获得陕西省高等教育优秀教学成果奖 11 项(其中特等奖 3 项，一等奖 2 项，二等奖 6 项)。2014 年我校评审产生校级优秀教学成果奖 25 项(其中特等奖 5 项，一等奖 8 项，二等奖 12 项)。教务处的同志从中精心挑选，认真筹划，积极组织编写了

《探索 实践 创新——2015 年教学成果汇编》一书。本书对主管教育教学的领导以及教学单位的管理者和广大教师具有较好的参考价值。

"十二五"以来，我校在深化改革、大胆创新，破解难题、内涵发展，坚实基础、深耕细作等方面做了大量工作。五年来特别是党的十八大以来，我们深入贯彻习近平总书记治国理政一系列新思想、新理念，迅速适应高等教育改革发展的新要求、新形势，着眼于学校新一轮战略布局调整。全校上下根据中央提出的高等教育内涵式发展要求，围绕第十一次党代会确定的"两大步三小步"目标，积极部署转型跨越发展，彰显我校在电子与信息领域的"国家队"地位，人才培养的"西电现象"蔚然形成，为完成"十二五"规划交上了一份满意的答卷。

2015 年 11 月，国务院颁布了《统筹推进世界一流大学和一流学科建设的总体方案》，国家教育体制改革领导小组认真总结以往的建设经验，深入分析世界上高水平大学建设规律和趋势，提出了推进世界一流大学建设的新方案。我校提出了建设一流大学、一流学科、一流专业的具体要求，我们将以深化改革为根本动力，以一流建设为关键抓手，齐心协力，全面提高人才培养质量，为国家培养出更多的优秀人才。

2016 年 3 月

本书编委会

主　任：李建东

副主任：郭宝龙　赵韩强　辛　红　郭　涛　毛立强

主　编：郭宝龙

副主编：杨　敏　余沛明　张希颖　张淑玲

编　委：（以姓氏拼音为序）

崔江涛	郭宝龙	郭立新	郭　涛	侯晓慧
胡晓娟	黎　娜	李团结	李亚汉	刘建伟
刘三阳	马　莉	漆　思	史　林	苏　涛
田文超	王林雪	王晓华	王燕萍	韦　娟
夏永林	闫允一	杨　寒	杨　敏	余沛明
曾晓东	张淑玲	张希颖	张宇鹏	赵岩松
郑雪峰				

目　　录

★ 2015 年陕西省高等教育教学成果奖特等奖
★ 2011 年校级教学成果奖特等奖

电波传播高层次创新人才培养的
探索与实践

项目完成人：郭立新　吴振森　葛德彪　魏　兵　李平舟
　　　　　　张　民　郭宏福　韩香娥　韩一平　李江挺
项目完成单位：物理与光电工程学院

成果简介：本成果面向国家电波传播工程和国防工业对电波传播人才的迫切需求，依托电波传播与天线国家级特色专业和以电波传播为主要研究方向的无线电物理硕士、博士点，形成了"将电波传播基础理论及专业知识与电子信息环境和国防科技工程应用相结合"的电波传播创新人才培养理念。统筹设计并形成了层次化、递进式的本—硕—博电波传播创新人才培养体系，探索了分层次、多模式的电波传播创新人才培养方法。通过校所、校企联合办学，建立了以省级实验教学示范中心和国家级工程实践教育基地等为主体的电波传播高层次创新性人才培养教学科研实践基地，形成了在国内有重要影响力的电波传播教学团队，保障了创新人才的培养质量，为我国电波传播高层次创新人才培养做出了重要贡献。

关键词：电波传播；创新人才；培养体系；教育教学改革

电波传播是西安电子科技大学在国内具有一定特色和优势的研究方向。自上世纪 70 年代起我校在电磁场理论和电波传播专家王一平教授带领下就已开展了电离层、对流层和地、海面等各种复杂环境下的电波传播研究和人才培养。长期的电波传播科学研究和人才培养的历史积淀，形成了王一平、葛德彪、吴振森、郭立新等教授不同年龄段的学科带头人和高水平的学术团队。西安电子科技大学目前作为我国 ITU-R(国际电联电波传播组)第三组成员，是URSI(国际无线电科学联盟)F 委员会和 G 委员会中国成员单位，是我国长期坚持开展电磁波传播特性以及模化技术研究的主要单位之一。

本成果结合国家国防特色紧缺本科专业建设项目"电波传播与天线专业"、陕西高等教育教学改革重点项目"电波传播与天线国防特色紧缺专业创新型人才培养的探索与实践"(结题验收被评为"优")开展建设。成果依托电波传播与天线国家国防特色紧缺专业和研究生电波传播陕西省重点学科，以培养高层次电波传播创新人才为目标(见图 1)，统筹设计本科、硕士、博士研究生创新人才培养体系，探索实践了一套行之有效的电波传播创新人才培养方法，建立了校所、校企联合的电波传播教学、科研实践平台和基地，为我国电波传播高层次创新人才培养做出了重要贡献。

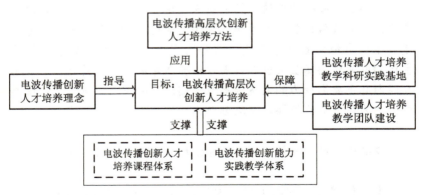

图 1 电波传播高层次创新人才培养主要内容

一、形成了"将电波传播基础理论及专业知识与电子信息环境和国防科技工程应用相结合"的电波传播创新人才培养理念

电波研究室自 1973 年成立以来,在老一辈电波传播专家王一平、肖景明、黄际英、朱家珍等教授的带领下开展了各类电波传播教学和科学研究活动。1986 年成立电波传播专业后王一平等教授在国内率先系统地开展了微波、毫米波大气介质中传输特性教学和科学研究,他们学习国外最新的随机介质中电波传播方面的教材和研究成果,定期交流,并将交流材料形成讲义,同时开始给电波传播与微波方向的学生授课。随后在葛德彪教授和吴振森教授的带领下在国内率先开展了随机介质中电波传播与散射研究和教学工作。在多年的教学和科研活动中,我们充分认识到电波传播作为多学科领域的共性学科技术,在人才培养中数理基础知识的重要性,以及理工融合、校所(校企)联合协同创新对培养具有扎实的电波传播基础理论及工程应用能力人才的必要性,面向国家电波传播工程和国防需求,形成了"注重数理基础和理工融合,将电波传播专业知识与电子信息环境和国防科技工程应用相结合"的电波传播创新人才培养理念。

二、构建了层次化、递进式的本—硕—博电波传播创新人才培养体系

结合国防需求和我校电子信息专业特色,不断更新并完善电波传播本科、研究生特色专业人才培养体系、理论和实践教学培养方案。1981 年依托电波传播专业开始招收和系统培养本科生,设置了"空间电波传播"和"表面电波传播"等课程。1986 年被批准设立了以电波传播为主要培养方向的无线电物理硕士点,1998 年被批准设立了无线电物理博士点,2009 年又被批准设立了电波传播国防特色紧缺专业。目前已形成了完整的本—硕—博人才培养链条。

1. 本－硕－博培养紧密结合而又有所侧重的层次化、递进式创新人才课程教学体系

围绕电波传播方向专业，在本科、硕士、博士理论教学体系制订中做到统筹规划，既保持每一阶段知识体系的完整性，使不同规格人才培养合理分流，又做到从本科到博士电波传播相关知识体系的有机衔接。

(1) 在本科阶段培养方案中强调"夯实数理和专业基础、拓宽电波传播知识面、重视能力培养"。特别注重加深电波传播所需的"场论与复变函数"、"数学物理方法"、"计算物理学"、"电磁场与电磁波"等数学和电波基础课程，同时考虑到部分学生本科毕业后会走上工作岗位，注意保证本科阶段电波传播应用知识的完整性，重点开设了"电波传播概论"、"电波工程基础"、"微波技术基础"等专业课程。在此基础上设置各类电波传播方向的选修课程，拓宽学生电波传播知识面。在加强电波基础理论学习的同时实现理论与实际工程问题的结合，通过多种教学模式和途径提高学生的实践能力，所开设的"电波测量实验"、"电波传播及数据处理"课程中部分实验为学生自主设计，深受学生欢迎。

(2) 在硕士阶段的培养方案和教学中强调"加强理工交叉与融合、鼓励自由探索"。在潜移默化中让学生具有电波传播专业坚实的基础理论知识的同时具备初步从事科学研究的能力。在本科阶段学习基础之上，为了进一步提升学生的数学物理和电波传播基础知识，特别开设了"场论"、"电波传播的数值计算方法"、"电磁波理论"、"随机介质中波传播"等课程。在硕士阶段倡导理工交叉与融合，崇尚学术，服务工程，加强了电波传播基础研究在微波通信、光学工程、材料工程、波谱物理、无线电电子学等领域的应用研究；另外，鼓励研究生在电波传播相关领域学术前沿进行自由探索。

(3) 在博士阶段的培养中鼓励"跟踪国际前沿、强调自主研究"。博士生是完成科研项目的主力，博士培养水平的高低是学科发展和

人才培养成败的直接反映。在博士生培养期间，我们强调学生必须接触学科研究的国际前沿，强调科学研究与工程实际和国防需求紧密联系，主要以开展科研项目和对外交流带动电波传播专业高层次人才培养。

2．层次化鲜明的创新能力实践教学体系

构建了以电波测量与天线省级实验教学示范中心、电波传播与天线国家级工程实践教育基地以及国家电波环境监测网西安观测站为主体的本科生、研究生创新人才培养实践教学基地。电波传播创新人才培养实践教学体系层次化循序渐进，采用多种教学模式逐步提高学生创新性实践能力。层次化实践教学包括：首先，通过课程实验培养学生的基本实践技能；其次，通过课程设计和综合性、设计性实验使学生具有综合运用课程知识进行综合设计的初步能力；最后，结合学科竞赛、创新计划、科研训练计划、毕业设计(实习)及科学研究提高高年级本科生和研究生的实践能力。

三、面向电波传播发展前沿和国家需求，编写新教材，开设新课程

结合电波传播最新的理论与技术，适时开设新的专业课程。例如，针对本科生，吴振森教授开设的选修课"微波仿真测量实验"、杨瑞科教授开设的"电波传播工程"及郭立新教授开设的"波传播数值方法"等课程，学生选课热情高；针对研究生，吴振森、葛德彪、郭立新三位教授联合开设了"复杂系统中的电磁波(前沿专题)"课程，将电波传播最新国际前沿发展和自己的最新科研成果介绍给学生，受到了学生的欢迎。近年来电波传播专业教师共编写、翻译出版教材20余部，年均发表教改论文20余篇。王一平、葛德彪教授在国内率先翻译了 R.F.哈林顿的《计算电磁场的矩量法》，成为国内计算电磁学的经典译著。随后出版的专著《电磁逆散射原理》

(国内第一部电磁逆散射的专著，由葛德彪教授编著，1992 年获得电子工业部全国工科电子类专业优秀教材一等奖)、《电波传播工程计算》、《微波传播》(获部级一、二等奖)、《复杂系统中电磁波》(获第三届国家图书奖)、《随机粗糙面散射的基本理论和方法》等在国内有广泛的影响。《电磁场与波理论基础》、《电磁波时域有限差分方法》被评为全国研究生推荐教材。"随机介质中波传播"、"逆散射原理"、"复杂系统中的电磁波"和"无线电物理中的随机场"等4 门学位课程和"电离层传播"、"对流层传播"、"地波传播"等 3门本科生专业课程在国内首先开出，中科院、国防科大、北理工和空军工程大学等单位的学生专门到我校学习这些课程。近年来电波传播专业又新增了 5 门省级精品课程。

四、探索并建立了分层次、多模式的电波传播创新人才培养方法

针对本科不同年级和研究生不同层次的学习内容，开展分层次、多模式人才培养方法研究。多模式包括：理论和实验教学相结合，专业课和实验课程相结合，加强本专业学生实践动手能力；基础教学和课外科技活动相结合；校所、校企联合培养相结合，依托电波观测网西安电波观测站、中国电波传播研究所国家级校外创新实践实习基地，培养学生的理论课程学习和实践能力等。

1. 本科阶段，加强个性化实验教学内容建设，结合质量创新工程，推进本科学生的综合素质和个性化训练能力的提高

结合有关教改项目，采用师生互动、启迪和研究式教学、多种形式与开放式实验教学和个性训练与各类竞赛辅导等多种方式培养学生创新思维与综合素质。我们还围绕国家大学生创新实验计划项目、省大学生创新实验计划项目、"本科生个性训练导师指导计划"、"本科班级的教授负责制计划"、各种学科竞赛、毕业设计等

过程，将电波传播与电磁场和电磁波、电子线路、微波技术、通信原理等相结合，由面到点循序渐进培养学生的实践和创新能力。电波测量与天线省级实验教学示范中心、电磁波综合测量实验室全天对学生开放，结合现有实验设备，利用软件仿真开设"电波信号分析"、"电波场强分布测量"、"电波传输网络特性测量"、"电波测量数据的统计与分析"等选作实验，深受学生欢迎，使学生更深入地掌握了理论分析仿真、实验方法仿真和实验数据处理等方法。每个学生还可以根据兴趣自由选择设计组件，由教师提供指导，实现了实验内容的个性化。

2. 研究生阶段，以科研为依托，校所、校企联合培养学生的独立工作能力和创新能力

多年以来结合我校在国内电波传播研究方向的优势和特色，面向国家电子信息环境和国防工业对电波传播人才的迫切需求，加强理工融合，注重将数理基础知识、电波传播专业知识和电波传播工程应用相结合，硕士和博士研究生论文直接来源于教师的科研项目。近年来电波传播研究方向先后承担了国家 973/863 计划、国家自然科学基金、国际合作项目、国防科技预研及部委重点等项目。与包括中国电波传播研究所、中国极地研究中心、航天 207 所和 504 所、法国鲁昂大学等多个高校和研究单位及西安高新区软件园、华为公司等开展电波传播研究生联合培养。因为我们承担的多数科研项目都是国民经济建设和国防建设的重要课题，任务和目标明确，从而保证了研究生博士、硕士论文的选题质量。中国电波传播研究所张明高院士、所长吴健研究员被聘为我校兼职博导，他们多次到我校为学生作学术报告。我们前后共选派了 20 余名研究生到电波传播研究所开展论文工作；中国极地研究中心高空大气室是我国从事极区空间电波的主要研究单位，中心主任杨惠根研究员也多次来我校就极区中高层大气物理和电波传播问题研究作报告，目前已有联合培养的 8 名博士生赴南极和北极开展极区空间电波传播研究，

有多名研究生在该中心开展了论文工作。法国鲁昂大学的任宽芳教授受聘为我校兼职教授和兼职博导，入选陕西省百人计划，他每年秋季专门来校为研究生开设"现代光学理论专题"课程，有 6 名博士生基于中法国际合作项目在法国鲁昂大学开展博士论文工作。

五、形成的电波传播教学团队是电波传播创新人才培养体系建设与实践的保障

自 1973 年成立电波研究室以来，在老一辈专家王一平、肖景明、黄际英、朱家珍教授的带领下长期开展各类电波传播教学和科学研究活动。随后在葛德彪教授和吴振森教授的带领下又开展了随机介质中波传播与(逆)散射教学和研究工作，有长期的电波传播教学历史积淀，总结出了丰富的教学经验。现已形成了以全国模范教师、教育部长江学者、陕西省教学名师为核心，以中青年教师为主体的在国内有重要影响力的电波传播教学科研团队。以郭立新教授为首席的"复杂地物环境电波传播与散射"团队获批为陕西省重点领域科技创新团队。长期以来电波传播团队一直活跃在本科、研究生教学第一线，团队中有专任教师 42 人，包括 6 名博士生导师、9 名教授、16 名副教授、3 名高级工程师和 8 名讲师。其中全国模范教师 1 人，教育部长江学者 1 人，国家杰出青年基金获得者 1 人，省级教学名师 2 人，校级教学名师 4 人。目前具有博士学位的有 25 人。45 岁以下的教师占 78%，具有博士学位的教师占 81%。

团队中教授目前均主讲本科生的主干课程，近年来教学团队的大部分成员都主持有国家和省部级的重要项目。近年来承担了包括国家 973、863 课题，国家自然科学基金 80 余项。通过全方位培养青年教师，他们的教学能力普遍得到了明显提高。为提高师资队伍水平，加强教师的学术交流，近年来我们承办了国际天线、电波传播与电磁理论国际会议，两岸四地无线科技研讨会，全国电波传播

学术年会和全国电磁散射与逆散射学术讨论会等会议，每年支持5～8 名教师和研究生出国参加国际会议，分别选送青年教师赴美国、法国、韩国、新加坡等国家和香港等地区进修或访问，同时选派 10 余名青年教师参加教育部各教指委举办的各种教学研究会议和教学指导进修班。在走出去的同时每年邀请国内外著名的电波传播专家来我校访问 10 余次并为教师和学生讲学，内容涵盖了电波传播与天线专业及学科发展、电波传播工程应用和国际相关学术动态，这些交流提高了我校电波传播学科在国际上的学术影响，开阔了学生的视野，深受学生欢迎。

六、培养的创新人才已成为我国电波传播领域的骨干力量

我校现已形成了稳定的本—硕—博的电波传播创新人才培养链条。学生主要分配至中电集团、航空、航天、兵器、中船重工等国家工业部门并广受欢迎。截至目前，我校电波传播方向的各专业博士、硕士和本科毕业生在国内外电波传播研究领域中占据了重要地位，成为包括中科院、国家天文台、中国电波传播研究所在内的国内多家重要研究机构与高校的学术带头人和科研骨干。其中近 10 年来为国内专门从事电波传播研究的中国电波传播研究所输送博士与硕士 30 余名，在"985"和"211"高校工作的毕业生有 30 余名。毕业生中已有中国工程院院士 1 人，国家探月工程副总指挥 1 人，长江学者 1 人，国家杰出青年基金获得者 2 人，国家百千万人才工程入选者 1 人，中科院百人计划 2 人，陕西省百人计划 1 人，新世纪优秀人才计划 3 人，陕西省优秀博士学位论文获得者 8 人。

注：本成果基于国家国防特色紧缺本科专业"电波传播与天线专业"建设项目和陕西高等教育教学改革重点项目"电波传播与天线国防特色紧缺专业创新型人才培养的探索与实践"(13BZ13)两个资助项目。

(执笔人：郭立新)

★ 2015 年陕西省高等教育教学成果奖特等奖
★ 2014 年校级教学成果奖一等奖

教学与科研、工程相融合的
微电子本科人才培养改革与实践

项目完成人：郝　跃　郑雪峰　张进成　侯晓慧　庄奕琪
　　　　　　张玉明　冯晓丽
项目完成单位：微电子学院/教务处

成果简介：自 2000 年以来，我国微电子产业规模和技术水平得到了迅猛发展。然而人才短缺一直是制约微电子产业发展的瓶颈问题之一。特别是由于科研创新能力和工程实践能力的明显欠缺，导致培养的人才无法满足产业发展的需要。为了解决高水平微电子本科人才的培养难题，我校于 2004 年正式成立了微电子学院，提出了"教学与科研、工程相融合"的培养理念。围绕上述培养理念，逐步建立了目标清晰、层次分明的多层次人才培养体系，形成了理论、实践和创新相融合的培养方案，并建立了全方位的人才培养质量评价机制，最终实现了我校微电子本科人才培养质量的显著提高。2015 年，我校微电子学院被批准为全国首批"示范性微电子学院"。

关键词：微电子；教学；科研；工程；人才培养；改革

一、成果概述

2000 年以来，受惠于国务院 18 号文件的强力推动，我国微电子产业规模和技术水平得到了迅猛发展。然而人才短缺一直是制约微电子产业发展的瓶颈问题之一。特别是由于科研创新能力和工程实践能力的明显欠缺，导致培养的人才无法满足产业发展的需要。

为了解决高水平微电子本科人才的培养难题，我校于 2003 年被批准为全国首批"国家集成电路人才培养基地"，2004 年微电子学院正式成立。自学院成立以来，我们一直在思考如何才能培养满足国家和社会需要的微电子人才。通过广泛调研，自 2005 年开始，我们提出了"教学与科研、工程相融合"的培养理念，以培养基础扎实、科研创新能力和工程实践能力突出的人才为培养目标。

围绕上述培养理念，我们广泛调研国内外知名高校微电子人才培养的先进经验，明确了传统微电子人才培养模式与产业需求之间的差距，综合考虑我国国情和我校校情，逐步建立了目标清晰、层次分明的多层次人才培养体系，形成了理论、实践和创新相融合的培养方案，并建立了全方位的人才培养质量评价机制，最终实现了我校微电子本科人才培养质量的显著提高。以此成果为依托，我校微电子学院 2015 年被批准为全国首批"示范性微电子学院"。

二、成果解决的教学问题

本成果围绕"教学与科研、工程相融合"的培养理念，重点解决了以下教学问题。

(一) 新型人才培养理念下的人才培养体系建设

1. 适合于新型人才培养理念的人才培养体系

以国家需要、产业需求为牵引，以培养高质量的微电子本科人才为宗旨，围绕新型人才培养理念，建立了与之相适应的多层次人才培养体系(见图 1)。

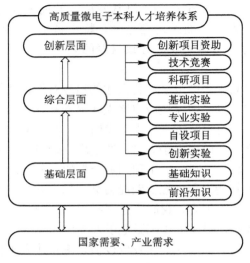

图 1　高质量微电子本科人才培养体系

基础层面，以物理、器件、电路和系统的基础知识为主，以前沿知识为辅的微电子核心理论课程构架，实现了知识面宽、覆盖面广、时序性突出的培养特点；综合层面，通过产学研结合建立了基础实验、专业实验、自设项目、创新实验的多层次实践教学体系，实现了理论教学与工程实践有机衔接；创新层面，通过创新项目资助、技术竞赛和科研项目参与等方式建立了科研创新能力培养体系，实现了本科生科研素养和创新能力的显著提升。

2. 核心课程群建设

以微电子本科人才培养为核心，深入开展教学改革研究，理清了核心课程的前后关联，消除了知识重叠。根据需要，增设了模拟集成电路、射频集成电路和功率集成电路等方面的设计类课程；增设了通信、计算机、信号处理等系统类课程；对部分基础类课程进行了优化。最终形成了理论、器件、电路、系统四类核心课程群，实现了学生学习过程的科学化、系统化，提高了学习效率。

在此过程中，学院承担省部级教改项目 9 项(见表 1)，出版前沿知识教材 14 本(见表 2)，其中 3 本被选为"十一五"国家级规划教材，4 本被选为"十二五"国家级规划教材，"半导体物理"与"半导体器件物理"获批省级精品资源共享课程，发表微电子人才培养相关教改论文 6 篇(见表 3)。

表 1　省部级教改项目统计

项 目 名 称	经费/万元	项目来源	起止时间
以示范性微电子学院建设为契机，探索创新人才培养和个性化教育机制	5.0	陕西省教育厅	2015—2016
陕西普通本科高等学校"专业综合改革试点"项目	30.0	陕西省教育厅	2014—2016
陕西省精品资源共享课程建设项目："半导体物理"	3.0	陕西省教育厅	2014—2016
陕西省精品资源共享课程建设项目："半导体器件物理"	3.0	陕西省教育厅	2014—2016
陕西省双语教学示范课程建设项目	2.5	陕西省教育厅	2009—2011
固态电子器件精品课程建设	1.5	陕西省普通高等学校精品课程	2008
(首批)第二类国家高等学校特色专业建设点——集成电路设计与集成系统专业	80.0	教育部高等学校特色专业建设点项目	2007—2010
(首批)第一类国家高等学校特色专业建设点——微电子学专业	20.0	教育部高等学校特色专业建设点项目	2007—2010
(首批)国家集成电路人才培养基地	500	国家教育部	2004

表2　教材/专著统计

教材名称	作者	出版社	出版时间	入选规划或获奖情况
氮化物宽禁带半导体材料与电子器件	郝跃 张金凤 张进成	科学出版社	2013年	"中国对外图书推广计划"资助
半导体光伏器件	张春福 张进成 马晓华 冯倩	西安电子科技大学出版社	2015年	"十二五"国家重点图书出版规划项目，陕西出版资金资助项目，新兴微纳电子技术丛书
电子线路CAD优化设计	贾新章 游海龙 高海霞	电子工业出版社	2014年	"十二五"国家级规划教材、电子科学与工程类专业规划教材
电子设计可靠性工程	庄奕琪	西安电子科技大学出版社	2014年	陕西出版资金资助项目
固体物理基础教程	贾护军	西安电子科技大学出版社	2012年	"十二五"国家级规划教材
微电子专业英语	吕红亮 李聪	电子工业出版社	2012年	西安电子科技大学教材建设资助项目
Verilog HDL集成电路设计原理与应用	蔡觉平 何小川 李逍楠	西安电子科技大学出版社	2011年	"十二五"国家级规划教材
微电子概论(第二版)	郝跃 贾新章 董刚等	电子工业出版社	2011年	"十一五"国家级规划教材
现代半导体集成电路	杨银堂 朱樟明 刘帘曦	电子工业出版社	2009年	电子信息与电气学科规划教材.电子科学与技术类

教材名称	作者	出版社	出版时间	入选规划或获奖情况
化合物半导体器件	吕红亮 张玉明 张义门	电子工业出版社	2009年	西安电子科技大学教材建设资助项目
集成电路设计基础	郝跃	电子工业出版社	2008年	普通高等教育"十一五"国家级规划教材立项
固态电子器件	张鹤鸣	电子工业出版社	2008年	普通高等教育"十一五"国家级规划教材立项
高速CMOS数据转换器	杨银堂 朱樟明 朱臻	科学出版社	2006年	西安电子科技大学教材建设资助项目
半导体器件物理	刘树林 张华曹 柴常春	电子工业出版社	2005年	高等学校电子信息类教材

表3 微电子人才培养相关教改论文统计

论文(著)题目	期刊名称、卷次	时间
基于个性化人才培养的主动实践教学思考	《中国大学教学》(全国中文核心期刊、CSSCI扩展版来源期刊)，2015(2)	2015.02
美国高校微电子类课程模式及其借鉴	《高等理科教育》(RCCSE中国核心学术期刊)，2015(1)	2015.01
兴趣—情境—创新：国外大学教材特点和功能的基本轨迹——以美国高校理工类教材为例	《高教探索》(全国中文核心期刊、CSSCI、RCCS中国核心学术期刊)，2014(2)	2014.02
创新人才培养的实践教育感知平台内涵建设浅议	《创新与创业教育》，2013(3)	2013.03
对多媒体教学的思考	《高等教育科学》，2008(7)	2008.07
研究型大学本科教育研究性教学初探	《高等理科教育》，2007(2)(RCCSE中文核心期刊)	2007.02

3．师资队伍建设

学院围绕新的培养体系，打破传统授课教师各自为政的现象，强化教师的关联性授课，建立适应新培养体系的教学团队。同时，按照建设规划，通过定期派遣教师在国内外接收培训或进修，大力加强青年教师队伍建设。目前，专职教师中具有出国研修经历的占73.2%。在此过程中，教学质量迅速提高，先后获得全国多媒体课件大赛一等奖、省级优秀教学成果二等奖、省级教学改革成果一等奖、西安电子科技大学优秀教学成果特等奖、优质教学质量一等奖各1项，省级优秀教学团队2个(见表4)。

表4　教学获奖情况

项 目 名 称	奖励名称	等级	时间
微课"反相器前传"	全国多媒体课件大赛	一等奖	2014 年
建设国家集成电路人才培养基地的探索与实践	陕西省优秀教学成果	二等奖	2011 年
电子与电气信息专业 VLSI 工程教育的研究与实践	陕西省教学改革成果奖	一等奖	2005 年
微电子特色专业课程教学团队	陕西省教学团队		2009 年
集成电路设计与集成系统特色专业教学团队	陕西省教学团队		2015 年
教学与科研、工程相融合的微电子本科人才培养改革与实践	西安电子科技大学优秀教学成果	特等奖	2015 年
集成电路可靠性	西安电子科技大学优质教学质量奖	一等奖	2014 年

(二) 学生的科研创新能力与工程实践能力培养方面

1．科研创新能力显著提高

学院建立了完善的本科生科研创新资助体系，一年级通过专业教育、芯视野讲座、院级星火杯竞赛等激发学生的科研兴趣；二、三年级通过本科学术研究资助计划、大学生拔尖创新基金培育计划等训练基本科研能力；四年级通过参与科研项目完成毕业设计(论文)，全面提升了学生的科研创新能力。

近年来，微电子本科学生每年获批国家/省级大学生创新创业训练计划项目 20 项，学院每年设立本科生学术研究资助项目 35 项，95%的本科毕设来源于科研项目，形成了学生积极踊跃参与科研项目的局面。本科学生以第一作者或与指导老师合作发表科研论文 15 篇(见表 5)，获授权专利 4 项。

表 5　本科学生发表的科研论文情况统计(部分)

序号	论 文 题 目	作者姓名	刊物名称	时间
1	基于 WinPcap 的 NAT 路由设计与实现	洪进栋 焦凤先 魏 榕	电子学报	2013 年
2	一个应用于探测生理信号 SoC 中的 CMOS 全集成高线性度低噪声上变频器设计	梁 元 张 弘	电子学报	2013 年
3	RF NMOS Switch，Front-end，Up-converted Mixer，LC-VCO Co-design in a SoC-based Sensor Chip in 0.13 μm CMOS	Liang Yuan	2012 Internation Conference on System Science andEngineering (ICSSE)	2012 年
4	单轴、双轴应变 Si 拉曼谱应力模型	王 程 王冠宇 张鹤鸣	物理学报	2012 年
5	基于 ZigBee 技术的井下人员定位安全监测系统	崔 璐 蔡觉平 赵博超	大连理工大学学报	2011 年

序号	论 文 题 目	作者姓名	刊物名称	时间
6	Co-simulation of Pipeline ADC Using Simulink and Pspice	<u>Guo Qingbo</u> Jia Xinzhang Tang Hualian	2011 International Conference on Intelligent Computation Technology and Automation (ICICTA)	2011 年
7	Hybrid Communication Reconfigurable Network on Chip for MPSoC	<u>Liu Zheng</u> Cai Jueping Du Ming Yao Lei Li Zan	2010 24th IEEE International Conference on Advanced Information Networking and 12Applications	2010 年
8	Analysis on the effect of regression and correlation models on the accuracy of Kriging model for IC	<u>Wang Hailang</u> You Hailong Jia Xinzhang	2009 IEEE International Conference of Electron Devices and Solid-State Circuits (EDSSC 2009)	2009 年

注：作者姓名中带下划线者为学生。

2. 工程实践能力明显提升

目前，我校微电子实验教学场地面积达 3400 余平方米，其中专业基础实验室 600 余平方米、EDA 实践中心 910 平方米、超净工艺实验室 1800 平方米、创新实践实验室 100 余平方米。近 5 年，累计投入经费 1000 余万元，用于实验室建设及实验设备的更新，实验中心软硬件价值达 1.5 亿元，充分满足了不同层次实践教学及学生自主实践的需求。

目前，学院与英特尔等国内外知名企业建立了 4 个联合创新实验室(校内)和 92 家实训基地(校外)，本科学生参加国际级/国家级/省级电子竞赛累计获奖 168 项,其中国家级以上奖励 44 项(见表6)。

表 6　本科学生电子竞赛获奖情况统计(部分)

序号	课外科技活动类别	获奖等级	获奖学生	时间
1	2015 年国际大学生数学建模竞赛	国际二等奖	魏榕	2015 年
2	2015 年国际大学生数学建模竞赛	国际二等奖	陈梁	2015 年
3	2015 年国际大学生数学建模竞赛	国际二等奖	韩金龙	2015 年
4	2015 年国际大学生数学建模竞赛	国际二等奖	尤敏敏、杨育坤	2015 年
5	2014 年国际大学生数学建模竞赛	国际特等奖	姜思佳	2014 年
6	2014 年全国大学生英语竞赛	国家特等奖	刘阳子	2014 年
7	2013 年国际大学生数学建模竞赛	国际一等奖	张顶顶	2013 年
8	2013 年国际大学生数学建模竞赛	国际二等奖	龚天成	2013 年
9	2013 年国际大学生数学建模竞赛	国际二等奖	张翰宗	2013 年
10	2013 年全国大学生数学建模竞赛	国家一等奖	姜思佳、朱宇轲、何睿杰	2013 年
11	2012 年国际大学生数学建模竞赛	国家一等奖	李祥东	2012 年
12	2012 年全国大学生英语竞赛 C 类	国家特等奖	陈祎坤	2012 年
13	2012 年全国大学生英语竞赛 C 类	国家一等奖	赵钰迪	2012 年
14	第二届"利尔达"杯全国物联网应用设计大赛	全国特等奖	崔璐、柯燕萍、袁念德、朱哲	2012 年
15	2011 年国际大学生数学建模竞赛	国际一等奖	卢阳	2011 年
16	2011 年国际大学生数学建模竞赛	国际二等奖	王乐	2011 年
17	2010 年国际大学生数学建模竞赛	国际二等奖	刘立滨、郭盈	2011 年

序号	课外科技活动类别	获奖等级	获奖学生	时间
18	第三届全国大学生创新论坛	优秀论文奖	崔璐	2010 年
19	2009 年国际大学生数学建模竞赛	国际二等奖	雷登云	2009 年
20	2009 年国际大学生数学建模竞赛	国际二等奖	陈刚	2009 年
21	第二届"Actel"杯中国大学生 FPGA 设计竞赛	全国一等奖	王焱龙、徐度、乔爽	2009 年
22	2008 年国际大学生数学建模竞赛	国际一等奖	杨建磊	2008 年
23	2008 年国际大学生数学建模竞赛	国家一等奖	雷登云、李阳	2008 年
24	2008 年全国大学生英语竞赛	全国一等奖	王海浪、袁方	2008 年
25	2007 年国际大学生数学建模竞赛	国际二等奖	冀翔	2007 年
26	2007 年全国大学生英语竞赛	全国特等奖	李浩	2007 年
27	2007 年全国大学生英语竞赛	全国一等奖	柳杨、缪润颜	2007 年

其中，2011 届本科生崔璐的"基于 ZigBee 技术的井下人员定位及安全监测系统"成果获全国大学生学术年会十佳优秀论文奖，崔璐还在大会闭幕式上作了报告；2012 届本科生俞辰、周威等负责完成的慕声 3D 打印定制耳机项目获得首届中国"互联网+"大学生创新创业大赛总决赛金奖。

(三) 新培养休系下的人才培养质量评价机制建设

在学生校内学习效果评估的基础上，更加注重学生的社会评价。通过对毕业生深造学校、就业单位评价的跟踪和分析，把社会需求反馈到人才培养的相应环节，实现对专业培养方案的科学调控，建立了全方位的人才培养质量闭环评价机制，发表相关教改论文 4 篇。在用人单位满意度调查问卷中，显示毕业生知识技能和岗位需求均具有"很好"的契合度，用人单位评价反馈中大多给出了"专业基础扎实"、"实践动手能力强"、"富有创新精神"、"具有解决研发、工程技术问题的能力"、"责任心强"一类的评价。

三、交流辐射

鉴于我校在微电子人才培养方面的显著进步，先后有 20 多所国际国内院校来我校交流人才培养经验，主要包括美国亚利桑那州立大学、北卡州立大学，英国兰卡斯特大学，巴黎第十一大学工程学院，韩国庆北大学，爱尔兰大学，香港科技大学，北京大学等。

我校与 Intel 联合举办的"微电之光暑期学校"、与京东方科技集团有限公司举办的"半导体显示技术交流讲座"等活动，已面向全国大学生开展了多年。同时，作为西北高校唯一拥有半导体集成电路超净工艺实验室的教育单位，也为其他高校相关专业提供实践教学服务。上述活动已吸引了北京大学、西安交大等近 10 所高校微电子专业学生参与。

四、总结

本成果通过多年实践，全面提高了我校微电子本科生的综合能力，也为满足我国微电子产业高速发展在人才方面的需求做出了重要贡献，社会效益显著。以此为支撑，我校微电子本科工程实践平台于 2013 年获批国家集成电路实验教学示范中心。由于在创新人才培养方面的突出表现，我校微电子学院 2015 年获全国首批"示范性微电子学院"(得票数与北京大学并列第一)。本成果对于电子信息类本科生科研创新能力和工程实践能力的培养也具有重要的指导意义和推广价值。

(执笔人：郑雪峰)

行业特色型大学实践教学体系建设的探索与实践

项目完成人： 郭　涛　孙肖子　周　端　黄大林　胡晓娟
　　　　　　　黎　娜　王小娟　张希颖
项目完成单位： 教务处/电工电子教学基地

　　成果简介： 本成果以陕西高等教育教学改革研究项目"高素质工程人才培养的实践教学平台建设研究"(2009 年重点项目)、陕西高等教育教学改革研究项目"深化行业特色型大学实践教学体系建设的研究与实践"(2013 年一般项目)、陕西高等教育教学改革研究项目"以电子设计竞赛为抓手，深化电子信息类专业教学改革，提高人才培养质量"(2013 年重点项目)为依托，经过长达 7 年的探索、改革与实践所形成。

　　本项成果围绕以学生为中心的教学优化，以质量持续改进为根本目标，以提高学生解决复杂工程问题的能力为宗旨，树立"创新源于实践，创新贯于实践，创新终于实践"的理念，提出"大平台、大体系、大项目、强师资"，即"三大一强"的实践教学体系建设思路，经过长期的建设与实践，成效显著，其经验与效果也得到了兄弟院校的广泛认可，较好地发挥了榜样的示范作用和地区辐射作用。

　　关键词： 行业特色型大学；实践教学；体系建设；探索与实践

一、成果的研究意义与背景分析

近年来，我国高等学校人才培养模式单一，缺乏多样性和适应性，尤其是一些本科院校不能根据自己的实际情况，盲目争办"综合性、研究型"大学，导致学校建设目标趋同，高等教育层次和类型边缘模糊，行业特色不够鲜明，教育资源的配置针对性差、服务效益不足。

在人才培养的环节上，对学生创新意识和创新精神的培养长期未受到应有重视，各方面的投入略显不足。评价体系导向重论文，轻设计，缺实践，引导教师过分重视论文、科研，在对教师的业绩考核方面，重学术化的倾向较为明显，导致越来越多的大学教师远离工程，远离实践，特别是青年教师的工程实践能力日渐不足，已成突出现实问题，亟待解决！

纵观国际社会，我国人才培养同世界先进国家相比仍存在较大差距，与我国经济社会发展需要相比还有许多不适应的地方，主要是：高层次创新型人才匮乏，人才创新创业能力不足等。21世纪，强调人才队伍建设的主要任务之一是突出培养造就创新型科技人才，我们应该认识到，世界上的经济强国首先是工业强国或曾有过辉煌工业发展史的国家，如美国、法国、英国、德国、日本等，而工程实践创新人才是经济得以发展的有力保障。

"创新源于实践，创新贯于实践，创新终于实践"，没有实践就没有创新，在整个高等人才培养体系中，实践教学环节对于培养学生的创新精神和实践能力、提高人才培养质量具有非常重要的作用。但是，当前我国高等教育实施过程中，对实践教学重视不够，各实践环节还非常薄弱。在很多学校，实验课程的比重下降，学生在实验课上亲自动手操作的机会减少，多年来一直提倡的自主性、设计性实验越来越难落实；生产实习的时间大幅度压缩，学生在实习中参观多而参与少；课程设计、毕业设计脱离工程实际，更多是纸上谈兵，课外科技活动由于受条件限制难以大面积开展。这些都严重制约了教学水平与教学质量的进一步提高。因此，国家质量工程和《国家中长期教育改革和发展规划纲要(2010—2020 年)》以及《教育部关于全面提高高等教育质量的若干意见(高教 30 条)》(教高〔2012〕4 号)都将强化实践教学环节作为人才培养的主要任务之一。那么如何推进高等学校优质教学资源的整合与共享，形成高水平的学生自主实践的平台，着力突出大学生知识、能力、素质的综合培养，激发学生的学习兴趣，为培养实践创新型人才搭建优质平台就显得尤为重要。

二、成果的主要内容

随着我国经济社会的高速发展与新时期高等教育着力提高人才的培养质量、教育教学内涵式发展战略部署的进一步推进，为建设行业特色型大学的实践教学体系，学校围绕以学生为中心的教学优化，以学校教育教学质量的持续改进为根本目标，以提高学生解决复杂工程问题的能力为宗旨，在树立了"创新源于实践，创新贯于实践，创新终于实践"的实践教学理念的同时，提出了"大平台、大体系、大项目、强师资"，即"三大一强"的实践教学体系建设思路，经过多年的投入建设，效果显著。

1."内部"+"外部"的平台建设，构建了学校实践教学的"大平台"

近年来，学校以实现实践教学资源"质量标准化、协调统一化、环境一流化、利用最大化"为目标，构建了跨学科、跨专业、跨学院、跨地域的实践教学"大平台"。学校着力于以国家级、省级、校级三级实验教学示范中心建设为主线的学校"内部"平台构建和以校外实践教育基地建设为主线的"外部"平台构建，实现了学校实践教学"大平台"的搭建。目前已建成国家级实验教学示范中心

5 个、省级 13 个，国家级、校级虚拟仿真实验中心 8 个，创新教育与实践培训基地 9 个，国家级教学基地 3 个，校企合作的国家级工程实践教育中心 4 个，省级实践教育基地 3 个；校企联合实验室 46 个，校外实践教育基地 64 个。平均每年约有 2 万人次从中获益。

2．构建"3.5 层塔构"式的实验教学示范中心运行模式，提升了"内部"平台的软实力

成果构建了以基础层、专业基础层、专业层等分层次实验项目为主体，分层支撑顶端综合层的"3.5 层塔构"式实验教学示范中心运行模式。该结构的运行模式突出"多层次"，即强调培养学生"厚、实、宽、坚、深、专、广、新"的专业知识基础。具体的实验过程则突出"立体式"，即强调学生的"感受—感知—感悟—拓展"等思维体系建立。实验教学示范中心运行模式的建设强调"重内涵"，强化实验课程、实验教材的建设；中心运行保持时间、空间、内容、管理上的"开放性"，为学生的自主学习提供平台和便利；同时，中心运行实现"强联合"，即示范中心积极拓展与社会资深企业合作的深度与广度，通过共建课程和教材、开发新实验、联合培养学生等方式来拓宽学生培养的途径，增强与社会、企业新科技发展前沿对接的紧密性。目前，各实验示范中心与企业合作共计开发课程 19 门，共建教材 20 余种。

3．"课内"＋"课外"，建设实践教学"大体系"

成果突出实践教学"课内"与"课外"相结合，推动三个体系的创立与完善工作，有效提升了实践教学质量。

(1) 优化实验教学课程体系建设：形成并培养实验教学团队，打通理论课教师与实验教师的教学边界，规范实验内容大纲，重塑西电实验课程特色品牌。

(2) 形成工程实践贯通培养体系：从工程训练的基础培养，到生产实习的能力提升，再到专业实习的工程强化，贯穿学生的本科

教学全过程，有效提升学生的工程实践创新能力。

(3) 完善科学研究创新能力体系：拓展大学生的能力素质模块，进一步完善国家级、省级、校级等三个层次的"大学生创新创业训练计划项目"，引导不同层次的学生都能尽早参与到科研项目和学科竞赛等社会实践活动中，扩大学生受益面，培养学生沟通协调能力和团队协作精神，增强学生的创新创业意识，形成服务社会的高度责任感。

目前，学校已完成了 50 门实验课程大纲的进一步优化，实现了 420 项实验内容的优化。

学校强调工程实践贯穿 1～4 年不断线，采取"由浅入深、由科普到专业"的模式，帮助学生了解知识系统概貌，激发学生的学习潜质与兴趣。

我们创建了"能力素质拓展模块"，将其纳入到学校本科人才培养方案中，作为学生专业知识课程学习的补充和深化，采用引导激励的方式，对学生实践能力培养形成量化评价体系，作为实践创新能力和综合素质的科学评价依据。

4．"教学"＋"科研"，设立实践教学"大项目"

加强"科教协同"、"校企协同"，设立实践教学"大项目"。学校建设具有自身特色且学科交叉的综合性实验教学平台，突出综合性实验项目的设计。同时，引入部分"系统级"的科研项目，提倡科研反哺教学，将科研项目成果转化成实验教学内容。深化校企合作力度，优化校企培养模式，以"大项目"为牵引带动学生系统工程能力的培养，开发应用了 50 种共千余套"从模块化结构到综合性系统"的实验。

提倡"科教协同"及科研反哺教学，引入智能感知、无线通信网络等"系统级"科研项目，转化形成 82 项高水平实验。提倡"校企协同"，与美国 TI 公司实施"校企联合拔尖创新基金项目"共计 200 多项。每年学生参与科教、校企合作各类项目 3500 个以上，受益人数达万余人。

5.“激励”+“氛围”，强化实践教学“强师资”

强化实验教师队伍建设，积极培养并吸纳青年教师骨干力量，形成传、帮、带模式，为青年教师创造施展实验技能的条件，有效形成政策保障激励机制，引导青年教师开展实验教材、实验精品课程、新实验设备研制等实践创新环节，营造团队学术氛围，有效促进了实验教师工程素养的提升。

学校首创“校级青年教师实验技能大赛”平台，有 2 名获奖青年教师直接晋升为副教授；同时成功举办了首届陕西省青年教师实验技能大赛，在全省引起了巨大反响。先后举办省级研讨会 50 次；出台新实验设备开发等教师激励政策，每 2 年 1 次评选新开发实验及新实验设备研制项目 100 余项；每年外派 30 位实验教师赴海外培训，培养了一支教学、科研“双优型”的实验类青年教师队伍。

三、成果的创新点

(1) 成果树立了“创新源于实践，创新贯于实践，创新终于实践”的理念，提出了“三大一强——大平台、大体系、大项目、强师资”的实践教学体系建设思路。

(2) 成果提出“多层次、立体式、重内涵、开放性、强联合”等要素，创建了“3.5 层塔构”实验教学示范中心运行的创新模式。

中心在结构运行上突出“多层次”，基础层强调“厚”与“实”；专业基础层强调“宽”与“坚”；专业层强调“深”与“专”；综合层强调“广”与“新”，紧跟现代电子信息新技术，突出系统级、综合性概念。将实践教学贯穿 1～4 年不断线，发挥中心在学校人才培养环节中的重要作用。

(3) 成果形成了“实验教学课程优化体系、工程实践贯通培养体系、科学研究创新能力体系”等三个体系，贯穿于学生的本科教学全过程。创建并实施了"能力素质拓展模块"，即"第二张成绩单"，给予学生除文化课程评价之外的综合能力素质拓展方向的量化评价。

(4) 创建了省、校两级的"中青年教师实验技能竞赛平台"。通过竞赛这一平台，学校已有 2 位教师直接晋升为副教授。

四、成果的应用情况

1．体系先进，学生评价高

成果所建立的实践教学体系其特色鲜明，平台建设协调发展，体系突出了"综合性"、"系统级"实验项目的设计与实践，共服务全校学生 2 万余人，学生对系统内的实验内容、教学方法给予了高度评价。

2．创新活动丰富，师生受益面广

全校每年有90%以上专业的 1 万人次参与实践教学体系中所涉及的各环节活动。2009 年以来，学生通过参加各类竞赛，共获省级以上奖励 1982 项：一举捧得全国大学生电子设计竞赛全国最高奖"瑞萨杯"；2015 年，获电赛全国一等奖 10 项，成绩在全国排名第一；学校共 3 次捧得全国电赛——嵌入式系统专题邀请赛最高奖"Intel 杯"，是全国唯一一所三次捧杯的高校；学校参加首届"互联网+"创新创业大赛，即获得 2 项金奖(其中 1 项全国季军)、1 项铜奖的优异成绩，获奖数名列全国第一，教育厅为学校发来了贺电。此外，康晓洋同学参与创新创业实践项目并编写出版了《微装配与MEMS 仿真导论》一书；5 名本科生自主研制"空间实验一号"皮卫星并成功发射升空；学校的青年教师参加陕西省中青年教师实验技能竞赛，获得一、二、三等奖各 1 项，成绩全省排名第一。

3．师资强，成果辐射广

近年来，共有 100 余所高校先后来访，举办各类研讨会 50 余次。新实验研制及实验设备开发每年达 100 余项，其中部分被西北大学等 20 家单位采用。实验教师共发表教改论文 350 篇，出版实验教材 30 本。与企业建立校企联合实验室 46 个，共建课程 19 门，印制讲义 20 本。科研成果转化为实验项目 82 项，王水平老师研制的"铒激光器专用电源"在公司投产，年产值 100 万元，其核心技术已转换为电源实验的教学平台，每年培养本科生、研究生等 600 余人。赵建教授负责的测控专业综合素质人才培养体系，受到了教育部教学指导委员会的关注与推广。

4．媒体关注度广

本成果建设过程中，各类突出成绩受到新华社、《人民日报》、《中国教育报》等 34 家媒体的 72 次报道。《中国青年报》曾报道："校方精心设计搭建的金字塔形实践教学链，是学生们不断探索、频频创新的源泉。"

注：本成果基于陕西省"高素质工程人才培养的实践教学平台建设研究"(2009 年重点项目)、"深化行业特色型大学实践教学体系建设的研究与实践"(2013 年一般项目)和"以电子设计竞赛为抓手，深化电子信息类专业教学改革，提高人才培养质量"(2013 年重点项目)三个资助项目。

(执笔人：郭涛　胡晓娟)

★ 2015 年陕西省高等教育教学成果奖一等奖
★ 2014 年校级教学成果奖特等奖

"631"大学生创新创业教育体系的研究与实践

项目完成人： 龙建成　郭宝龙　王林雪　李建东　任小龙
　　　　　　 郭　涛　朱文凯　李　波　黎　娜　杨　敏
项目完成单位： 教务处/经济与管理学院/团委

成果简介： 在解读了创新创业教育的科学内涵的基础上，确立"创业意识、创业能力、创业环境"与"创新精神、文化教育"相融合的教育理念，结合本校行业特色鲜明、专业性强的特点，将大学生的创新创业教育定位于"技术创新型"的创业教育。为此，创新性地构建了"631"大学生创新创业教育新体系，即从六要素(课程设置、教材建设、师资队伍、项目立项、实践基地、保障机制)的建设，到采用三结合(课内课外结合、校内校外结合、创新创业结合)的教育方法，最终实现"一循环"(实践团队——高校——企业)的可持续发展的创新创业教育体系，体现了系统性、开放性、延伸性的特点。通过课程的完善性、教材的系列化、师资的培养、项目立项、实践平台搭建和激励性保障措施，为"631"大学生创新创业教育体系的有效运行奠定了基础。在学术研究、教材建设和标志性实践方面成果显著，吸引了媒体的广泛关注，受到了社会的广泛认同、高度评价和赞誉，为我国高校开展大学生创新创业教育树立了典范，具有推广价值和示范作用。

关键词： 631；大学生；创新创业；第二张成绩单；教育体系

党的十八届三中全会《中共中央关于全面深化改革若干重大问题的决定》中指出：实行激励高校毕业生自主创业政策，整合发展国家和省级高校毕业生就业创业基金，体现了党和国家对高校大学生创新创业工作的重视。2014 年—2015 年以来，李克强总理多次提到要将"大众创业、万众创新"打造成新常态下经济发展的引擎力量。国务院对创新创业教育提出了明确要求，并提出了《实施意见》，为高校全面深化创新创业教育改革指明了方向，我国的创业教育已形成政府大力倡导、积极支持，多方社会力量积极参与，大学积极实施的格局，"万众创新，大众创业"成为了时代的潮流，这不仅是我国经济社会发展中重大转型的需要，也是我国高等教育改革中创新人才培养模式的需要。同时，电子信息技术的发展迅猛，研究和适用的新技术要求培养的人才要有创新能力，电子信息类专业的学生可以利用所学知识，更易进行创新设计，易于科技作品的实践，电子信息技术可谓已渗透到了各行各业。互联网+的时代，为高校创客提供了广阔的空间。

从 20 世纪 80 年代中期开始至今，学校坚持"基础厚、口径宽、技术精、创造力强"的复合型人才培养目标，科技创新活动一直活跃在大学生的学习工作中，相继开展了科技服务、"星火杯"、"挑战杯"科技创新大赛、"星火杯"创业大赛、学科科技竞赛、创新创业训练计划项目、创业实践项目等活动，将创业教育融入到科技创新教育过程中，从而将创新意识、创新精神、创新能力的培养引申至创业意识、创业精神、创业能力的培养，体现了创新与创业的互联互动，形成了具有行业特征的技术创新者的创业教育特色。

一、电子信息类大学生创新创业教育理念与目标定位

从目前学界对创业的理解和研究，我们可以对"创业"做狭义与广义之分。狭义的创业指没有进入现有的企事业单位就职，而是

进行自主创办企业、自主就业。而广义的创业，不仅包括上述创业，更重要的是对自身职业生涯的"创业"，重在一个"创"，它应该贯穿学生本科学习、就业阶段，在积累了一定的资金、资源和经验后，自己独立创办公司，是一个系统的规划与"创造"。那么，创业教育是培养创业者的教育活动，是教育的灵魂，应该贯穿于教育的全过程。因此，创业教育既包括从事事业、企业、商业等规划、活动、过程的教育，也包括事业心、进取心、探索精神、开拓精神、冒险精神等心理品质的教育。通过创业教育不断提高学生的综合素质，增强学生的创业意识、创业能力和创新精神，以满足互联网时代对大学生创新精神、创新创业能力的需求。

我校经过多年的尝试和探索，大学生创新创业教育走上了"精细化"、"阵地化"、"规律性"的道路，推动了青年学生的创新创业教育及服务工作的内涵式发展。对大学生创新创业教育不仅是培养"创新思维、激发创业意识、造就创业本领"，更是对大学生精神层面的引领、对大学生文化层面的引领、对高校综合改革的引领。所以，我校大学生创新创业教育理念是"创业意识、创业能力、创业教育环境"与"创新精神、文化教育"相互融合，目标定位于培养大学生成为"技术创新型"的创业者，通过创新带动创业，通过创业激发创新，相互促进，互动提升。

二、六要素三结合一循环，构建大学生创新创业教育新体系

我校在大学生创新创业教育理念的指导下，针对制约双创教育的6个教学薄弱环节(缺少双创类课程，缺少有针对性的创业教材和案例，缺少师资，缺少实践项目，实践基地不足，保障机制不强)，构建了电子信息类大学生"六要素三结合一循环"的创新创业教育新体系(见图1)，并予以实施。

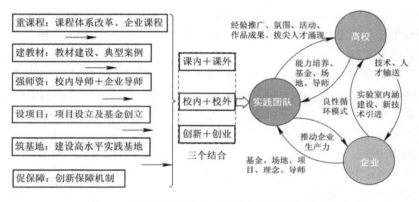

图 1 "六要素三结合一循环"创新创业教育新体系

1. 六要素是推动创新创业教育的 6 个着力点,是 6 项建设的重要内容

(1) 重课程——完善课程知识体系和实践教学体系,实现创业能力提升。根据技术创业能力要求和创业管理知识体系,开设了系列化的创业课程,包括"创业管理"、"创业者与创业战略"、"创业营销与市场调查技术"、"新创企业融资与理财"、"知识产权基础"、"创业团队建设与组织设计"、"技术项目评价方法与选择"、"商务谈判与推销技术"、"管理沟通"、"大学生 KAB 创业基础"等 10 门课程;还开设了其他相关课程,包括"人力资源管理"、"证券投资的理论与实务"、"国际贸易政策与实务"、"就业与人力资本投资"、"市场营销学"、"商务谈判"、"网络营销"、"企业文化"、"会计学原理"、"成本会计"等 10 门课程;与中兴、IBM 等企业联合共建课程 14 门,包括"职业能力培养"、"行业工程标准与规范"、"IT项目组织与管理"、"IT 项目组织与管理"、"通信电子系统工程设计"、"通信电子系统工程设计(实验)"、"综合项目设计"、"企业工程实习"、"顶岗实习及毕业设计"、"云计算中的并行 SOA 及大数

据应用开发基础"、"高性能计算软件测试技术基础"、"软件开发创新平台与实践"、"大数据基础知识及IBM大数据解决方案"和"企业级系统测试技术"。

在课程体系设计上强调专业技术技能、经济管理技能、创业技能的"三能"并重,形成了包括创新创业意识与精神培育、创新创业管理技能、创新创业实践能力提升、创业教育培训项目、校企联合共建课程五部分的创新创业教育课程体系,以满足创新创业活动的需求。

(2)建教材——满足大学生创新创业知识学习的需要。2003年编写出版了《如何创办市场调查公司》一书;2006年编写出版了《创业管理》一书,2013年又出版了第二版;2009年—2010年组织编写出版了技术创业教育系列教材(7册);2014年组织编写出版了《大学生创业教育典型案例》一书,在内容设计、案例选取上体现了"技术创业"的特点,便于大学生学习与应用。

(3)强师资——加强创业教育专业教师队伍建设。我们着手进行了两支队伍的建设:一支队伍为高校在编从事创业教育的教师队伍,另一支队伍是借助社会力量的支持建立的创业导师队伍。在教师队伍建设方面,加大了教师培训力度,选派教师参加国家精品课程培训、创业教育项目培训、高级研讨班、创新与创业教育学术研讨会,不断提高教师的教学和学术水平。2010年—2015年,共有教师8人次参加创新创业教育培训,共有教师5人次参加创新创业教育学术会议并提交论文及做大会发言。

此外,学校还组织教师走出校门实地调研与考察。2010年4月24日,教师团赴陕西富平、高陵参观,考察了陶艺博物馆、陕西重卡汽车制造厂;2011年7月15日—16日教师团赴陕西旬邑县考察新农村建设、农民工返乡创办的啤酒厂、城市人下乡建设的生态园,教师受益匪浅。2013年与铜川市创业指导中心建立了战略合作关系,就双边的创业教育与指导服务开展合作。

在创业导师队伍的建设方面，通过聘请创业导师，组建创业导师团队，请创业导师走入校园、课堂，传授创业经验，指导创业计划大赛及创业活动，提升学生的创业技能。目前共有企业导师10人，他们来自高新区企业、银行、证券公司、创业导师培训专家团等。

(4) 设项目——设立大量的多种类型的大学生科技创新项目。通过设立项目，吸引大学生积极参与，组成团队围绕项目开展研究，在实践中树立创新意识、训练创新创业能力，培养团队合作精神。这些项目包括：国家、省、学校三级大学生创新创业训练计划项目，校企联合设立的企业科技创新项目、创业项目，联合实验室设立的创新项目，学生自主组队自选项目，另外还有教师科研项目分解的科研课题。每年各类项目总量在3500个以上，1.3万余名大学生参加。

(5) 筑基地——建设6种类型的实践平台108个，形成了双创教育高水平的实践基地。这些平台包括：

① 创新创业工程实践平台。依托我校省级以上的工程实践教育中心，通过开放机制，建立了12个双创实验室(见表1)。

表1 创新创业工程实践平台(12个)

序号	工程实践平台名称	基 础 平 台	建 设 学 院
1	电工电子创新创业实践中心	电工电子实验教学中心	通院、电院、计算机学院、机电学院
2	机电工程创新创业训练中心	综合性工程训练中心	机电学院
3	移动互联网创新创业实验室	通信与信息工程专业实验教学中心	通院
4	集成电路创新创业实验室	集成电路实验教学中心	微电子学院

序号	工程实践平台名称	基 础 平 台	建 设 学 院
5	信息工程创新创业实验室	电子信息与通信工程学科专业实验教学中心	通院、电院
6	物理科学创新创业实验室	物理实验教学中心	物理与光电工程学院
7	计算机网络创新创业实验室	计算机实验教学中心	计算机学院
8	光电工程创新创业实验室	光信息与功能元器件实验教学中心	物理与光电工程学院
9	经济与管理创新创业训练中心	经济管理实验教学中心	经济与管理学院
10	物联网创新创业实验室	计算机网络与物联网工程实验教学中心	计算机学院
11	先进材料创新创业实验室	电子科学与技术专业实验教学中心	先进材料与纳米科技学院
12	空间信息技术创新创业实验室	空间科学与技术实验室	空间科学与技术学院

② 校、院两级大学生创新创业孵化中心。依托大学生活动中心和大学生课外学术科技创新基地等条件，建立校级创新创业孵化中心 22 个，建立校园创新创业俱乐部 19 个(见表 2)。

表2 校企合作"企业俱乐部"(19个)

序号	名　称	合　作　企　业
1	通信工程学院创业先锋俱乐部	西安慈善创业园
2	innos 移动物联网创新俱乐部	深圳有方科技集团
3	宇龙酷派创新俱乐部	宇龙计算机通信科技有限公司
4	东软创新俱乐部	东软集团
5	三星 Smart 俱乐部	北京三星通信技术研究有限公司
6	腾讯创新俱乐部(XDTIC)	腾讯公司
7	李宁 running 俱乐部	李宁有限公司
8	微软技术俱乐部	微软公司
9	华为创新俱乐部	华为技术有限公司
10	IBM 俱乐部	IBM 公司
11	瑞芯开发俱乐部	瑞芯微电子有限公司
12	广东移动"领先之星"俱乐部	广东移动公司
13	金山俱乐部	金山软件股份有限公司
14	360 俱乐部	奇虎 360 科技有限公司
15	TCL 俱乐部	TCL 集团股份有限公司
16	百度精英俱乐部	百度公司
17	TI 创芯俱乐部	美国德州仪器(TI)公司
18	鲲鹏俱乐部	鲲鹏科技有限公司
19	忆彩社	北京鹿捷科贸有限公司

此外，我们关注互联网领域，在 2004 年—2010 年期间，学校分别与西安高新区创业园发展中心分中心、西安市科技局软件助推中心创业教育基地、YBC 国际青年创业计划西安数字青年创业高校服务站建立了合作的创新创业基地，对移动互联网等领域的创业项目进行了重点孵化。

③ 以科技竞赛为驱动的创新创业实践活动平台。每年学生可参加的竞赛项目包括专业技能竞赛项目和创业计划竞赛项目，如全国大学生电子设计竞赛、全国大学生信息安全竞赛等学科竞赛，"挑战杯"、"星火杯"课外学术科技作品竞赛，"挑战杯"、"星火杯"创业计划竞赛。通过参加竞赛，驱动大学生以科技创新成果带动创业计划大赛和实践项目的开展，使学生在竞赛中体验到创新与创业的艰辛、乐趣和成功的喜悦。

④ 校企、校所协同创新创业平台。学校与 IBM、HP、TI 等 40多家国内外知名企业合作，共建了 45 个校企联合新技术实验室，建立创新教育与实践培训基地 9 个(见表 3)，使学生进一步了解知名企业或校友企业，了解企业建立与运行流程，系统学习企业管理知识，合作实施创新创业教育。

表 3　校学科与创新创业竞赛实践平台(9 个)

序号	竞 赛 名 称	依托基地
1	全国大学生"挑战杯"大学生课外学术科技作品竞赛和创业计划竞赛、"星火杯"大学生课外科技学术科技作品竞赛和创业计划竞赛	校团委
2	(1) 全国大学生电子设计竞赛——信息安全技术专题邀请赛 (2) 全国大学生信息安全竞赛	信息安全竞赛实训基地
3	全国大学生电子设计竞赛	电子设计实训基地

序号	竞 赛 名 称	依托基地
4	ACM/CPC 国际大学生程序设计竞赛	程序设计竞赛实训基地
5	(1) 全国大学生机械创新设计大赛 (2) 全国大学生工程训练综合能力竞赛 (3) "飞思卡尔"杯全国大学生智能机器人大赛	机器人和机械设计实训基地
6	中国大学生计算机设计大赛	经济管理学院培训基地
7	(1) 美国大学生数学建模竞赛 (2) 全国大学生数学建模竞赛	数学建模实训基地
8	(1) 全国大学生英语竞赛 (2) "外研社杯"全国大学生英语演讲比赛 (3) "外研社杯"全国英语辩论赛	实用英语培训基地
9	(1) 全国大学生电子设计竞赛——嵌入式系统专题邀请赛 (2) 全国大学生电子设计竞赛——模拟电子系统专题邀请赛 (3) 陕西省"TI杯"模拟及模数混合电路应用设计竞赛 (4) 大学生创新创业训练计划项目	大学生科技实践创新基地

⑤ 校友互动创新创业平台。在我校大学生创新创业教育工作中，充分发挥校友会的作用，每年举办创业就业大讲坛、校友论坛等20余场，受益学生8000人次。通过校友会邀请创业成功校友回母校开展创新创业指导类活动，向学生传授创业知识和创业实践经验，引导广大学生树立正确的成长观、科学的创业观，提高创业技

能与实践能力，通过校友现身说法，实施典型激励。

⑥ 创新创业信息服务平台。一方面，在整合校内外资源、校内各部门资源的基础上，由就业办建立了统一、高效、开放式的信息服务平台，即西安电子科技大学创新创业信息网(http://job.xidian.edu.cn/html/cxcypt/)，包括创业政策与咨询、创新创业基地活动、课程与教师队伍建设、各种大赛信息、风投信息等，实现了创业教育、创新与创业训练和创业服务三大模块。另一方面，推进创新创业在线教育发展，积极利用当前教育部推行的精品资源共享课、各类 MOOC 等网上课程，大力加强创新创业教育的"微课"资源建设，建立创新创业教育资源共享平台和服务更新机制，使创新创业教育课程成为我校特色品牌网上公开课——"西电课堂"的重要组成部分，实现了创业教育资源的良性互补，达到了优质资源"1+1>2"的传播效果。

(6) 促保障——建立激励保障机制。一是激励教师积极参与，学校对参与创新创业教育工作的教师在教学工作量计算、教改课题立项等方面采取鼓励政策，对成绩突出的教师冠名荣誉称号，如"特别突出贡献奖"、"星火园丁奖"等。二是激励学生积极参与，通过设计运用第二张成绩单，对于参加创新科技活动记能力素质学分，从管理机制上延伸了成绩单的作用，对于取得优异成绩的学生提供推免保研机会和奖励。三是资金保障。为保障大学生创新创业活动的顺利进行，学校建立了校长基金，第一期投入 1000 万元，鼎力支持具有发展前景的创新创业项目。此外，通过大赛活动，吸引风投的关注，投入资金参与创新项目孵化。

2. 三结合是解决教学问题的方法，目的是以多种教学方式与途径提升大学生创新创业教育效能

(1) 课内与课外结合：强调将创新创业知识纳入课内教学体系，通过公共必修课程、辅修专业课程进行知识传授。同时，还强调通过组织大量的多层次的课外实践活动，鼓励学生参加竞赛、创新创业项目、导师科研项目等培养学生的创新创业能力，在学中干、干中学，将课堂的专业知识应用到解决问题的实践中。

(2) 校内与校外结合：实施校企联合，发现企业、社会需求，不仅锻炼了学生的科研能力，也锻炼了学生发现机会、把握机会、创造商业价值的能力。

(3) 创新与创业结合：通过大学生科技创新活动，开发有商业价值的新项目、新产品，引导支持大学生步入创业活动，逐步实现技术创业。

3. "一循环"体现了行业特色高校在大学生创新创业教育中，面向社会、企业需求，引发创新创业优势动机，在服务社会和企业中的可持续发展路径

企业提出科技、人才需求——高校根据需求和科技发展趋势，及时更新教学内容，改革教学方法，设立创新创业项目，大学生实践团队在创新创业实践中成长，形成创新型人才；产生科技发明或产品——高校将新技术和新产品输送给企业，将"技术创新"人才输送给企业，企业从事科技创新、创造，从事产品研发和生产，产生新的科技需求和人才需求，进入下一循环。

三、实施第二张成绩单，推动"631"创新创业教育体系有效实施

"第二张成绩单"是"631"创新创业教育体系中的"能力素质拓展模块"，是专业知识课程学习的补充和深化，是学生成长成才、能力素质提升的保证。"能力素质拓展模块"采用分层次设计原则，主要包含两个部分："基础素质培养"部分为学生必修单元，应修 22 学分和"创新能力提升"部分为学生自选单元，包括人文社科的素质培养环节和学生开展课外科技实践创新活动的能力培

养环节。对学生参与"能力素质拓展模块"培养的成绩采用量化评价，其考核认定与管理工作由学生所在学院组织实施，并汇总备案。考核采用"基点"评价模式，用以评估活动项目的等级和实践周期，制定了评估标准(含附加奖励基点评价标准)和评价等级，见表 4、表 5、表 6。

表 4　基点评估标准

类　别		分值范围	说　明
国际级项目或竞赛		5～10	创业、社会实践、论文报告、基础课程类评估为 5
省级项目或竞赛		2～4	创业、社会实践、论文报告、基础课程类评估为 2
校内项目或竞赛		1	
发表论文	普通刊物及会议	1	作者为前两位
	核心期刊	2	
	EI 检索	4	
	SCI 检索	8	
出版著作		10	前两位完成人，正式出版著作
专利		4	
软件著作权		2	

表 5　附加奖励基点

奖项 等级	国　际　级				国　家　级			省　级	
	特等奖	一等奖	二等奖	三等奖	特等奖	一等奖	二等奖	特等奖	一等奖
基点	8	4	2	1	4	3	1	3	1

表6 基点等级评价

基 点 值	评 价 描 述
1～10 个"基点"	在校期间乐于实践动手，具有一定的探索精神
11～20 个"基点"	在校期间积极参与实践创新活动，具有一定的实践动手经历，具备较好的创新意识
21～30 个"基点"	在校期间广泛参与实践创新活动，具有较强的实践动手能力，具有较好的创新思维能力和研究创新精神
31～40 个"基点"	在校期间能够广泛、深入地参与实践创新活动，实践动手能力强，具备较好的自主学习、研究创新的精神与能力
40 个以上"基点"	在校期间能够广泛、深入地参与多项实践创新活动，具有理论联系实际与综合设计运用知识的能力，并且具有主动思考、积极探索的精神，具备良好的独立研究、自主创新、解决问题的能力

在组织管理上，对"第二张成绩单"成绩优异的学生给予表彰奖励、提供推免保研机会，对有意且有能力创业的学生实行"弹性学习年限制度"，允许在校学生保留学籍休学创业；组织开办训练营——"传志班"，每期招收 50 人，提供创业导师团指导、创业苗圃预孵化和部分资金支持等，培养"种子选手"和未来企业家。

四、加强创新创业教育理论研究，探索高校创新创业教育规律

大学生创业教育的规律需要不断探索，既要学习和借鉴国内外成功的创业教育的经验，揭示大学生创业教育规律，也要针对我校实际探索行业特色鲜明的大学生创业教育的方式方法和途径。项目

组成员通过学校教改立项、陕西省教育厅教改立项、"211校三级学科体系建设项目"、国家级人才培养模式创新实验区工作的开展，先后承担了 14 项创业教育类研究课题，撰写发表创业教育类研究论文 27 篇，研究探索大学生创业教育规律和模式。同时，加强横向联系，我们与清华大学创新创业教育研究网络、南开大学创业研究中心等知名高校展开合作，在高校对大学生(包括研究生)"创业态度和创业倾向"进行调查研究。2010 年，我校研究人员在学校的14 个学院中随机发放问卷 1750 份，我们对这些数据进行了分析，形成了调查研究报告，提出了促进电子信息类大学生创业教育的对策与建议。2011 年又继续本项目的调查研究，以动态观测我校大学生创业态度和倾向。2014 年，我们发放问卷 800 份，统计数据用于我国高校大学生创新创业发展报告的研究。

综上所述，我校在大学生创新创业教育工作中构建的"'631'大学生创新创业教育体系"，经过实践证明，不仅促进了理论创新、体系创新，也促进了实践创新、机制创新，建设卓有成效，应用效果显著。

(1) 学生受益面广。每年学校开展各类创新创业训练与大赛项目，吸引 1.3 万余名大学生参加；每年举办 20 余场各类创新创业讲座，受益学生 8000 人次，促进了大学生人格培养和校园文化建设。

(2) 大学生创新能力显著提升，成绩辉煌。2009 年以来，大学生获省级以上奖 1982 项(国际奖 136 项、国家奖 355 项)。2011 年捧得全国大学生电子设计竞赛最高奖"瑞萨杯"；2004 年、2010 年、2014 年三次捧得全国大学生电子设计竞赛——嵌入式系统专题邀请赛最高奖"Intel 杯"；2013 年，通院 2010 级本科学生葛卓琛、刘仁俊组成的跨校团队 Imagine the World 获得"微软创新杯"中国区决赛第一名；2015 年学校在"微软创新杯"陕西大赛暨陕西省青年学生创新创业大赛中取得一等奖 2 项、二等奖 4 项、三等奖 2 项，决赛团队数量、获奖数量、决赛总成绩均位列陕西高校第一。在 2015

年的首届全国互联网+大赛中夺得 2 项金奖、1 项铜奖，获奖总数全国第一。

(3) 示范效应明显。我校领导、教师和学生先后 12 次在全国大学生创新创业论坛作报告；2013 年"闪电孵化器"的创造者李晋作为全球杰出青年步入世界达沃斯经济论坛，"淘花园"创业项目进入国家 863 软件孵化器；2014 年西电蒜泥科技创业团队获央视中国创业榜样未来之星；近年来自全国 21 省市共计百余所高校来校交流访问；通过承办全国大学生电子设计竞赛陕西赛区和陕西省"挑战杯"竞赛组织工作，提高了学校声誉。

(4) 主流媒体大量报道，辐射强烈。人民网、新华社、人民日报、中国教育报、教育部网站等国家媒体对学校创新创业实践活动、竞赛获奖、典型事迹、荣誉称号等进行了深入报道(35 次)，《陕西日报》、《华商报》、《新民晚报》等地方重要媒体也进行了报道(27 次)，影响范围广泛。

大学生创新创业教育是我国高等教育发展和人才培养的战略任务，是全面提升大学生素质能力的重要途径与手段，关系到我国未来发展与国际竞争能力。双创教育与专业教育相结合成为我国常态化的教育与人才培养的重要工作，也是高校教师的教育责任。

注：本成果基于教育部国家质量工程项目："电子信息类专业大学生创业人才培养模式创新实验区"(2009 年)、陕西省教育改革重点项目"基于技术与创业知识相融合的理工科大学生创业能力培养模式的研究"(2007 年)和陕西省教育改革重大攻关项目"大学生创业教育与创新能力培养的探索与实践"(2009 年)三个资助项目。

(执笔人：王林雪)

★ 2015 年陕西省高等教育教学成果奖一等奖
★ 2014 年校级教学成果奖一等奖

以红色文化传承为特色创新高校思想
政治理论课程教学模式

项目完成人：郑晓静　　漆　思　　刘建伟　　夏永林　　陈鹏联
　　　　　　　吴建新　　辛　红

项目完成单位：人文学院

成果简介：立足于立德树人、培养红色传人，以教学质量提升工程为载体，以提高教学的针对性实效性为主线，以实现"两个转化"、"三个自信"、"四个认同"为目标，深入挖掘以红色校史为主的红色文化资源并创造性转化为思政课教学资源，并根据课程性质、教学要求和学生期望采用多种教学载体、手段和方式将红色文化中的"人、物、事、魂"有机嵌入教学、育人各环节，发挥红色文化对于大学生涵养德性、坚定信念、增进认同、升华自我的功能。

关键词：红色文化；思想政治理论课；"两个转化"；"三个自信"；"四个认同"

一、挖掘红色文化资源，构建立体、丰富、多元的教学资源库

1. 以学术为基，为教学改革提供理论支撑

学校成立了西电红色教育研究中心，深入挖掘西电八十余年办

学历程中所承载的红色符号、红色文化和红色精神，分析党史、校史、学科发展史多维视角下西电红色校史的时代价值和意义，探寻西电红色校史涵育社会主义核心价值观发挥价值引领、价值塑造功能的学理性基础和长效机制，为红色校史融入思想政治理论课教学提供理论指导和学理遵循；学校将红色校史"进教材、进课堂、进头脑"为主旨的思想政治理论课教学质量提升工程列为全校首个校长基金项目予以重点支持，资助经费 50 万元，校长郑晓静院士亲自担任课题总指导。

目前，相关研究获得国家社科基金特别委托项目、陕西省社科基金重点项目、西安市社科规划重点项目、陕西省大学生延安精神教育研究课题重点项目、陕西省社科联重大理论与现实问题研究项目等资助，有力地推动了红色文化及其价值引领功能的研究。近几年，规划出版《永不消失的电波——西电红色校史》、《西电红色记忆——人物篇》、《西电红色记忆——故事篇》《红色文化传承与社会主义核心价值观教育》、《中华文化传承与中国梦》等书籍。

2．以网络为平台，建立西电红色校史电子档案馆

整理老一辈革命家、科学家的口述资料及实物资料，建成覆盖音频资料、照片资料、文字资料和研究资料四大版块的资料库，形成了包括"半部电台起家"、"永不消逝的电波"、"长征路上办学"等重大历史事件，王铮、李白、张露萍等杰出人物事迹，毛泽东、朱德等老一辈革命家与西电等内容的专题网络资料库和网站。建立了西电红色传承主题教育网站"西电往事——永不消逝的电波"，通过"网络化"、"故事化"、"时代化"的方式全方位展示红色校史蕴含的精神气质、道义力量，在全校师生中弘扬红色教育传统。学校专门召开纪念毛主席对学校题词"全心全意为人民服务"65 周年研讨会，探讨在新时期如何办好人民满意大学的办学宗旨。

二、转化红色文化资源为教育资源，创建思政课教学新模式

将西电红色文化资源创造性转化为思想政治理论课的教学资源，对教学资源库的资料按照课程性质、教学要求和学生期望等进行再加工，有选择地有机融入思想政治理论课中，创建"1234"思政课教学新模式。

1. 一个主题

以"三个着眼于"为立足点开展红色文化融入思政课的教学改革，服务大学生成长成才。一是着眼于思政课教材体系向教学体系、知识体系向信仰体系转化；二是着眼于增强大学生的道路自信、理论自信、制度自信，引导大学生坚定理想信念，自觉践行社会主义核心价值观；三是着眼于培养大学生具备成长、成才、成人所需的政治理论素养、道德情操和道德品质，做中国特色社会主义主义事业的合格建设者和接班人。

2. 两个阵地

红色校史资源转化为思政课教学资源并非是生搬硬套的拿来主义，而是在坚持科学性、时代性和针对性的统一基础上合目的性的再加工、再创造过程。它以课堂教学和社会实践教学为主要阵地实现"三进"，做到认知—内化—践行的完美统一。

课堂教学中，首先确立红色校史资源梳理、编辑的三个原则，包括：典型性原则，就是要选择有代表性的"人、物、事、魂"进行编辑；契合性原则，就是要将校史资源合目的性，抓好其与思政课教学的结合点；感染性原则，就是要通过校史材料的再加工、再创造突出其所蕴含的正能量。其次，通过集体备课和专题讨论的形式，将红色校史教育资源有机嵌入各门思想政治理论课，并按照教学重点、难点和热点要求撰写教学大纲、教学方案，力争做到不交

叉、不重复、不牵强。最后，通过多种教学形式将教学目标和要求贯彻到课堂教学过程中。通过不断探索，编写了红色校史融入本科生四门思政课的教学大纲、教学方案，正在编写《红色校史融入思想政治理论课案例研究》、《红色校史融入大学生思想政治教育征文集》、《中国梦与中国特色社会主义概论》、《中国梦大学生读本》等书籍，在《人民日报》、《光明日报》、《中国教育报》、《高校教育管理》等报刊发表了十多篇相关文章。

在社会实践教学中，组织了"大学生关注的'中国梦'十大议题"、"大学生对习近平系列讲话精神学习和认知状况"、"梦想与道路——身边的中国"、"传统文化、红色文化与价值引领"等系列主题调研活动，规划出版《"梦想与道路——身边的中国"大学生优秀社会实践报告文集》、《"红色文化与价值引领"大学生优秀社会实践报告文集》；开辟了延安中央军委三局旧址、中央军委无线电通信学校(学校前身)旧址、全国青少年井冈山革命传统教育基地、西安八路军办事处等多处红色文化体验基地，开展了"瑞金情"、"长征志"、"重走红色办学路"、"走进梁家河、踏寻红色路"等"红色之旅"主题社会实践活动。成立了家电维修服务队、青年志愿者服务队、爱心社、信息技术120等100多个大学生社会实践服务队，深入城市乡村开展形式多样的科技文化服务活动。

3. 三个环节

"授课、互动、实践"三个环节凸显研究型教学特色。

其一，课堂教师主导讲授环节。它是指在教学活动中以教师讲授为主，通过将教材体系转化为教学体系，彰显理论自身魅力和应用价值。具体而言，将教材内容转化为若干专题的课堂教学内容，然后将红色校史承载的"人、物、事、魂"通过教师的有机融入起到画龙点睛的作用，让学生在可亲近、可触摸中感受理想信念的力量、爱国求是的价值、艰苦奋斗的豪情。

其二，课堂学生主体多元参与教学环节。它是指在课堂教学过程中，教师专门拿出一定课时开展多种形式的课堂教学活动，体现学生的主体性、主动性和参与性。该教学环节充分尊重学生的主体地位，通过搭建学生便于参与、乐于参与的平台，围绕红色校史承载的"人、物、事、魂"展开课堂讨论、案例分析、情景模拟等，增加互动交流，调动学生的参与热情，让学生在不知不觉中增进对教学内容的理解。

其三，社会实践环节。构建政府、学校、企业、社会等合作育人的机制，实现学生参与社会实践的长效化。通过打造"目标共同、机制共建、资源共享、责任共担"的实践育人共同体，培育主题鲜明、形式多样、行之有效的红色文化主题调研、考察、学习等精品项目，为学生创造了解历史、熟悉民情、知识报国的途径，在亲见亲闻中不断审视自己的价值判断和价值选择并自觉地推进主体间共识、压缩"认同间距"，将理性的政治认同融入自我的生活当中。

4. 四个保障

"课件、资料库、团队、教改"齐头并进。一是在课程教学体系建设方面，围绕课程教学目的和要求，完成教学大纲修订，任课教师根据个人学科背景组成教学小团队，完成课堂教学内容设计，制作多媒体教学课件；通过集体备课、讨论交流、强化教学活动执行力。二是在教学资料库建设方面，各小团队分工完成相应专题教学资料搜集、整理和及时更新，集体共享。三是在教学团队建设方面，结合教学改革实践，凝聚锻炼队伍，积极营造老中青相结合、传帮带促成长、教学科研相互促进、激励考核评价机制明确、教学相长的氛围。四是在教学改革项目申报方面，依托教学团队教学实践和教学研究，以研促改，不断推进教学改革发展。

三、实施中华文化价值教育工程，传承"中华优秀文化红色基因"

学校于 2013 年组建了终南文化书院，旨在培养理想信念坚定、德性修养高尚、人文素养深厚、人格健全完善的民族精英和行业领袖。学校高度重视书院的发展，校长郑晓静院士担任书院院长，校党委书记陈治亚教授担任书院理事长，建立了理事会和院务会的组织运行机制，并配套设有专门的教学设施和活动场所。书院组建了文化导师团，聘请 50 余位国内外知名专家学者与杰出校友担任文化导师，面向全校创办人文研修班，开展中华文化价值教育工程，开设红色经典课程，举办专题讲座，培养红色传人。

1. 构建以经典教育为核心的红色文化传承体系

(1) 开设"红色文化经典导读"课程，系统讲读红色文化的精义并阐发其现代价值，提高大学生的理论素养。

(2) 创建"名人名家报告会"、"华山学者论坛"、"博雅讲坛"等报告体系，从红色文化传承、社会主义核心价值观培育、道德修养养成等角度阐发红色文化的当代价值，增加大学生的价值自信。

(3) 举办"读书沙龙"，师生共同研读红色经典，激发学生自主探索的精神。

(4) 开展"艺术传唱"传播经典，以学生喜闻乐见的方式将红色经典以诵唱、器乐、舞蹈、书法等形式展现出来，打造了"红旗颂"、"长征组歌"、"瑞金之星"等一批具有西电特色的高雅文化品牌，提升了学生的审美情趣。

2. 构建以对话形式为特色的精神价值引领体系

(1) 举办"信仰对话"活动，通过邀请老战士、老教授以亲历者的身份与学生展开互动式交流，或者党史、校史研究者就现实生活中与网络媒体上大学生普遍关注的热点、难点问题展开明辨式对话，使学生在互动交流中增进对红色精神的理解、认同。

(2) 举办"道德对话"，结合红色故事、红色人物，就"爱国"、"敬业"、"诚信"、"友善"等社会主义核心价值观的个人层面要求展开情境式对话，就"慎独"、"自省"、"成己"、"成物"等中华传统美德展开切己式对话。通过系列"对话"活动使学生明辨是非、坚定理想信念、崇德向上，增强道路自信、理论自信和价值自信。终南书院学生创办了《信仰》电子杂志，定期发行，提升了学生的正知正念与正能量，涵养了社会主义核心价值观。

3．构建以培育工程为载体的红色文化教育体系

以弘扬中华优秀传统文化为主线、以培育社会主义核心价值观为导向、以红色教育为特色，实施了"中华优秀文化传承工程"、"社会主义核心价值引领工程"、"学生党员先锋工程"、"青年马克思主义者培养工程"等系列"铸魂工程"，分众化、针对性地培养红色文化传人。

4．构建以网络传播为平台的红色文化弘扬体系

(1) 通过网上"西电红色故事会"、"西电红色人物志"等形式，传播红色文化和红色精神。

(2) 通过网上"励志访谈"、"优秀红色传人"、"身边的好校友"评选等形式，选树学生中的优秀典型，用榜样的人格魅力和感人事迹教育影响学生。

(3) 建立"西电小喇叭"、"西电学堂"、"红旗飘飘"等学生自媒体平台，用"校园化"、"网络化"、"故事化"的生动形式，讲述和传播社会主义核心价值观。

四、学生评价及社会影响

(一) 学生评价

通过设计问卷对必修过思想政治理论课的五届 6000 名学生学

生进行调查,发现 96.23%的学生对红色校史引入思想政治理论课教学表示认同,89.16%的学生认为将红色校史引入思想政治理论课教学确实提高了教学的针对性和说服力,91.48%的学生认为将红色校史引入思想政治理论课能够增加对思想政治理论的认同,94.12%的学生在阅读红色文化传承主题网站后表示受到了教育,86.84%的学生认为红色文化主题社会实践活动能够增进价值自信。

新华社记者对学生的访谈,从侧面说明了将红色校史引入思想政治理论课的效果。原文为:数学与统计学院 14 级研究生刘加会认为,老师把校史穿插于课堂教学中,让自己觉得教学案例离自己特别近,有亲近感,更容易接受,也更容易有共鸣。通信工程学院 13 级学生张宏杰在观看完纪录片《走近王诤》后说:"老校长的奋斗历程让自己明白了校歌中的那句话'与共和国同行',觉得中国梦、西电梦和个人梦是一致的,对自己震撼很大。"终南文化书院 13 级学生邢志伟在参与社会实践调研后,感慨良多:"只有亲身实践才能更深刻地理解核心价值的内涵和意义,才觉得要跳出自己狭隘的认识站在国家和民族的角度看待核心价值观。"(新华社西安 2015 年 1 月 7 日电,"西安电子科大:传承红色文化,创新育人模式")

(二) 相关成果

1. 理论成果

"中国梦和中国特色社会主义理论体系创新"获得 2013 年国家社科基金特别委托项目立项,"中国道路的文化价值根基研究"获得 2014 年陕西省社科基金重点项目立项,"社会主义核心价值观引领当代中国社会思潮的运行机制研究"获得 2014 年陕西省社科基金立项,"大学生对社会主义核心价值体系认同的机理、现状和优化对策研究——基于西安市部分高校的调查"获得 2013 年陕西省教育科学"十二五"规划课题立项,"高校运用延安精神涵育社会主义核心价值观的学理支撑及长效机制研究"获得 2015 年陕西省大学生延安精神教育研究课题重点项目立项,"自媒体时代高校基于底线的包容性意识形态建设研究——基于西安市部分高校的调查"获得 2015 年西安市社科规划基金重点项目立项,"陕西省红色历史资源创造性转化为社会主义核心价值观教育资源的路径和推进方式"获得 2015 年陕西省社科联重大理论与现实问题研究立项。

2.教改成果

规划出版《永不消失的电波——西电红色校史》、《红色校史融入思想政治理论课案例研究》、《红色校史融入大学生思想政治教育征文集》、《中国梦与中国特色社会主义概论》、《中国梦大学生读本》、《西电红色记忆——人物篇》、《西电红色记忆——故事篇》、《红色文化传承与社会主义核心价值观教育》等,在《人民日报》、《光明日报》、《中国教育报》、《高校教育管理》等报刊发表了十多篇相关文章。教改成果获得西安电子科技大学教学成果奖一等奖一项、二等奖两项,获得优秀教材奖两项,教改论文获得中国电子教育学会优秀论文特等奖,2011 届陕西高校思想政治教育研究优秀论文一等奖,2012 届陕西高校思想政治教育研究优秀论文二等奖和 2014 年陕西省校园文化建设优秀成果一等奖,"中华文化价值教育工程"2015 年 2 月获得教育部礼敬中华优秀传统文化特色展示项目。

(三) 社会影响

(1)"挖掘红色教育资源,加强社会主义核心价值观教育"入选教育部思想政治工作司社会主义核心价值观教育典型案例(教思政司函[2014]54 号)。

(2)"中华文化价值教育工程"入选教育部全国高校"礼敬中华优秀传统文化"特色展示项目(教思政厅函[2015]3 号),2014 年 9 月 24 日《光明日报》以《青青校园传统文化"活起来"》为题进行了专门报道。

(3) 教育部网站专题报道:《西电构建"1234"思政课教学新模式》;新华社专题报道:《西安电子科大:传承红色文化,创新育人模式》;中国社会科学网专题报道:《把红色文化融入大学生核心价值观教育中》;陕西省教育厅网站专题报道:《西安电子科技大学开展红色文化传承与核心价值观教育工程》;中国青年报专题报道:《让红色基因融于青年血液:95 后大学生激情演绎<长征组歌>》;中国科学报专题报道:《西安电子科大把红色文化基因融入核心价值观教育》。此外,人民网、新华社《半月谈》、《陕西日报》、《西安日报》等媒体也进行了报道。

注:本成果基于西安电子科技大学校长基金"西电红色文化传承与社会主义核心价值观教育"资助。

(执笔人:漆思 夏永林 刘建伟)

★ 2015 年陕西省高等教育教学成果奖二等奖
★ 2014 年校级教学成果奖特等奖

活化知识，强化能力，"信号与系统"课程的教学模式改革创新与实践

项目完成人：郭宝龙　闫允一　朱娟娟　吴宪祥　孙　伟
项目完成单位：空间科学与技术学院

成果简介："信号与系统"课程是通信工程等 20 多个电子信息类专业十分重要的核心技术基础课。本成果针对"信号与系统"课程传统教学中存在的课程内容松散、学生难掌握、能力训练不足等关键问题，提出了"构建知识有机系统，揭示知识演化轨迹，活化知识，强化能力"的课程改革理念；创新构建了"五法协同、四维导向、三化建设"促改革的"信号与系统"课程"543"教学模式，教学改革成效显著。

关键词：信号与系统；课程改革；资源建设；教学方法创新

培养人才是高等教育的根本任务。从人才培养过程来看，不仅需要在应用环节上提高培养质量，更需要从最基本的专业基础课程开始。"信号与系统"是电子通信类专业的重要专业基础课，但存在内容松散学生难掌握，学生分析解决问题能力不足，线上资源建设薄弱学生自主学习不足等诸多问题，造成了传统教学的诸多不足：内容分散，分析方法类型多，相互衔接薄弱，未构成有机系统，学生难以掌握，更不能灵活运用；教学缺少与后续课程以及前沿知

识的关联，缺少揭示知识进化规律，导致学生所学内容死板，与前沿科技脱节；教学重知识灌输，缺少知识应用和工程案例，缺少实践训练，学生兴趣弱，分析和解决问题能力不足；教学效率不高，探究互动少。

本成果针对"信号与系统"课程传统教学中存在的课程内容松散、学生难掌握、缺少前沿新方法、缺少与后续课程关联、能力训练不足等关键问题，提出了"构建知识有机系统，突出思想方法教学，活化知识，强化能力"的课程改革理念，创新构建了"五法协同、四步深入、三化建设"促改革的"543"教学模式，取得了很好的教学改革成效。

一、课程改革理念

1. 构建知识有机系统，活化知识

其目的是将课程知识归纳成一个知识演进的有机整体，解决知识分散、与后续课程和前沿关联不强等问题。在课程知识体系构建中，注重基本概念的引入，注重信号分析等核心内容理解，同时给出与工程实践或者学科前沿有密切联系的知识拓展。其示意图如图1所示。

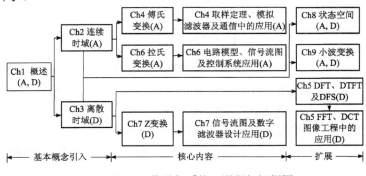

图1 "信号与系统"课程知识框图

"活化知识"在实践中可以通过"主线法"、"类比法"、"前沿关联法"、"开窗接口法"以及"科学思维训练法"等"五法协同"来系统化地实施。

2．突出思想方法教学，强化能力

其目的是通过课堂教学中贯穿工程思想和工程方法的实施环节，提升学生运用知识分析问题和解决问题的能力，解决能力培养不足的问题。具体而言，通过"问题引入"、"关联思考"、"模拟应用"及"案例实践"等四步深入来促进学生运用知识解决问题的能力提高，每一步的实施过程中都以问题为导向，引导学生从问题本身出发研究和探索运用知识解决问题。图 2 给出了在教学改革探索中为强化学生能力而采用的"网络教学资源+课堂教学+实验教学"的架构，效果良好。

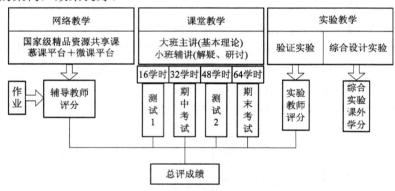

图 2　"信号与系统"教学资源架构图

"信号与系统"作为电子信息类专业的专业基础课，在该门类知识体系中占有重要的基础地位。在"信号与系统"的课程建设之中，通过活化课程知识体系、强化学生工程能力以及构建"互联网+教学"资源支撑平台和创新教学方法等四方面的举措，在课程建设、教学活动、学生培养和教师培养等整体教学环节中，全面提高电子信息类专业的人才培养质量。

二、"五法协同"活化知识

本成果以"五法协同"为具体的实施方法，构建本课程知识的有机系统，从而达到了活化知识，便于学生掌握课程核心内容的目的。

(一) 主线法：建立贯彻全课程的纵向主线

作为专业基础课，既要夯实专业基础，又要触及学科前沿，才能建设成具有先进性的基础知识体系。以三个关键问题(基本信号及响应、信号分解、线性时不变系统分析)构成一条贯彻全课程的纵向主线，沿时域—频域—变换域方向演进。

由基本信号及其响应并结合信号的信号分解方法以及线性时不变系统特性，可以将推导出复杂信号的系统响应统一到图 3 中。

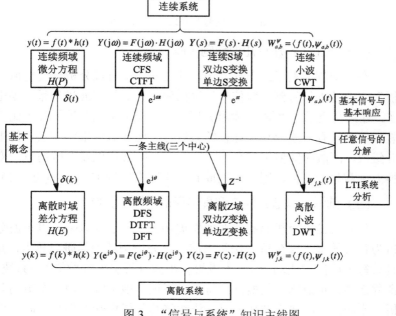

图 3 "信号与系统"知识主线图

"时域—频域—变换域"的演进方式和关系则可以归结到图 4 中。

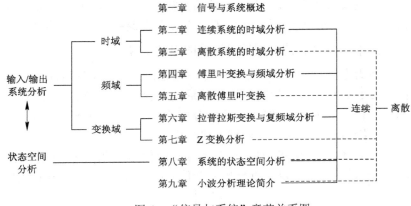

图 4   "信号与系统"章节关系图

(二) 类比法：建立知识横向关联

在本课程的教学改革探索中，建立起"由时域分析到变化域分析"、"由基本信号到一般信号"等循序渐进的知识演进体系，提出了"连续与离散"、"输入/输出分析与状态空间分析"等加强类比的教学原则，有效地提高了课程的系统性。比如对傅里叶变换、傅里叶级数、离散时间傅里叶变换、离散傅里叶级数以及离散傅里叶变换五种常见的变换，则形象地放到一张图中进行类比阐述(见图 5)。

(三) 前沿关联法：建立课程与学科前沿的关联

信号及信号分析具有悠久的发展历史。而近代以来，以小波分析为代表的多尺度分析方法是当前信号分析领域中的研究热点，并且获得了广泛的成功应用。本成果将小波分析引入到"信号与系统"课程之中，重点阐述其概念和特性，不过多地拘泥于理论细节的分析。比如，在阐述小波变换时，依然将其与傅里叶变换和短时傅里叶变换进行关联讲述，从而使学生建立起如下的概念：傅里叶变换全局采用三角函数，短时傅里叶变换采用加窗的函数获得频率分量的时间信息，而小波变换在不同的位置采用不同尺度的核函数。图6则可以很好地表现这一点。

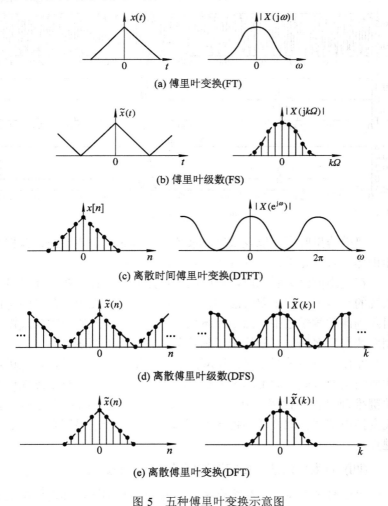

图 5　五种傅里叶变换示意图

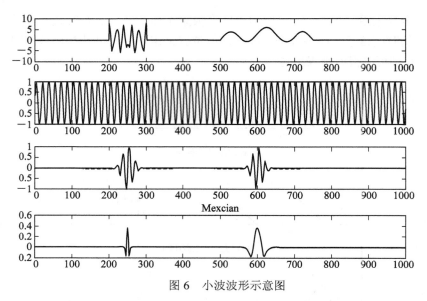

图6　小波波形示意图

　　离散傅里叶变换以及数字滤波器相关理论的引入，使得课程的知识体系具有先进性，展现了当代信息处理技术前沿。

　　在使用前沿关联法时，还应注意理论联系工程，在阐述信号与系统的基本理论和主要方法的过程中，将具有工程应用背景的案例引入到课堂教学之中。比如讲述系统结构时，引入典型的负反馈控制系统作为案例，有效增强了理论落实到工程的直观性。

　　在使用前沿关联法时，还应注意类似知识的异同对比，在讲述重要结论的时候，对推理过程进行梳理，详略得当，有重点地讲述关键推理过程。比如，在对傅里叶变换性质进行细致推导后，拉氏变换中某些相似性质的推导就可以从略，只着重强调有差异的关键点。

(四) 开窗接口法：使知识与后续内容无缝对接

　　"信号与系统"是我校众多工科专业的基础课，其定位决定了必须夯实基础知识。但只停留在基础知识本身非常不够，因为在我们的实践中碰到了来自学生的诸如"学这门课有什么用？"、"这门课跟现实生活有什么关系？"等疑问。因此，在卓越工程师班的"信号与系统"教学中，以"信号与系统"和"数字信号处理"为主线，将"自动控制原理"和"通信原理"以及"小波分析"等后续专业课程中最重要、最基本的概念引入到课程教学之中，使得"信号与系统"成为一门具有开窗搭桥、承前启后作用的平台型桥梁课程(如图 7 所示)。

图 7 "信号系统"课程与其他课程的关系

在实际教学过程中，对"通信原理"、"数字信号处理"、"自动控制原理"和"小波分析"4 门课程的主要知识点进行综合及重新整理，合并重复的内容，综合相关内容，增加新的知识点及应用案例，并配合实践环节，形成有机联系、高效的先进的知识体系。教师可以根据课时灵活安排，在讲解过程中重视概念强化和规律提炼，简化不必要的推导过程，弱化不具有代表性的技巧，力求突出案例分析的方法和原理。让学生主动应对有意义或者有关工程实践的问题，从而使他们对基础课和专业课有清晰认识，对未来确定自己的主攻学习方向具有积极意义。

比如在讲述了频谱和采样的概念及原理之后，我们通过讲解二次抑制载波振幅调制接收系统，来解释频谱搬移和介绍低通滤波等工程实现框架，利用录音棚 CD 数字录音系统来讨论采样定理，通过这些典型的知识点案例与开篇案例相呼应，加深学生对知识点的理解。最后我们由浅及深地给出了傅里叶变换在通信系统中载波抑制双边带调制(DSB-SC-AM)、幅度调制(AM)、单边带调制(SSB)、频分多路复用(FDM)、脉冲幅值调制(PAM)、时分多路复用(TDM)等典型综合应用案例,为后续的"高频"、"通信原理"等课程奠定基础,突出该课程在整个培养体系中"开窗接口"的作用。

(五) 科学思维训练法:揭示思维规律及演化

注重科学分析方法,引导学生建立科学思维意识。通过分析比较和发散思维,培养学生的辩证思维能力。比如针对基本信号的分解及系统的响应问题,可以统一到图 8 之中,从而建立起由一般到特殊的概念,同时建立起分析和综合的双向科学思维模式。

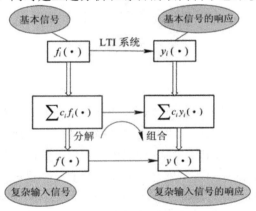

图 8　基本信号及其响应

再比如,除了阐述经典时域方程的求解方法外,还引入了算子法,其优势体现在以下两方面:

(1) 连续信号与系统时域分析中,引入了微分算子 p 和积分算子,可以使微分方程的描述简洁,便于求解。借助算子符号运算的基本规则,给学生在未学习拉普拉斯变换的前提下从时域建立起利用传输算子的概念进行系统分析的思想,将学生从传统的时域经典法求解微分方程的繁琐运算中解放出来，将更多的精力用于对信号分析核心内容的学习与理解，推广了信号与系统的现代分析理论在课程中的应用。等到后面讲解拉普拉斯变换时，学生可以直接借鉴 p 算子法的思想，对拉普拉斯变换的理解和掌握更加容易。

(2) "类比"连续系统的 p 算子，离散系统引入差分 E 算子描述，定义超前算子 E 和延迟算子，可以使差分方程的描述更为简洁，并构成了规范的离散系统响应求解方法。离散系统的 E 算子分析思路同样可以直接借鉴到 Z 变换分析，起到事半功倍的效果。

三、"四步深入"强化能力

为了将工程思想和工程方法落实到理论教学活动之中，本成果采用"四步深入"的策略指导教学环节，达到强化能力的效果。具体而言是通过突出思想方法的教学活动，来达到提升学生运用知识分析问题和解决问题的能力，解决能力培养不足的问题

(一) 第一步：问题引入

以问题求解需求引入知识点和分析法。我们在《工程信号与系统》教材每一章的开篇都给出了本章内容的一些典型应用案例，激发学生的学习兴趣，让学生初步建立该章知识"自顶向下"的认识框架；而对一些重要知识点，我们通过知识点案例加深学生对理论知识的系统理解，使学生形成"自底向上"的知识体系；每一章的最后我们给出了一些综合案例，提升学生的知识应用能力和工程素养。

以"傅里叶变化与频域分析"为例，在引言部分我们给出了 3 个日常生活中典型的频域分析工程案例，并给出大概的解决思路。问题 1：低频声音信号为什么/如何转换为高频电磁波信号进行长距离无线传输？解决思路：频谱搬移。问题 2：如何选择采样频率才能保证数字音频包含原来模拟音频信号的全部信息而不发生失

真？解决思路：采样定理；问题 3：2010 年南非世界杯，"呜呜祖拉"发出刺耳的噪音挑战了全世界数亿电视观众的生理和心理极限，如何去掉这些声音？解决思路：滤波。通过 3 个典型开篇案例，激发学生对该章内容的学习兴趣。

(二) 第二步：关联思考

揭示各知识点之间的关联，引导思考深入。以问题为导引，通过科学方法的引入和推进，构建信号与系统分析的知识演进逻辑；加强对工程实践中典型案例的介绍和分析，增加 Matlab 示例，通过案例分析加深知识的系统性理解，激发学生对工程问题进行深入思考的兴趣。在课堂上，增加课堂提问、分组讨论、课堂演示、仿真操作等内容；在课堂下，鼓励学生利用丰富的网络资源进行在线学习、讨论、提问，从而提高学生的数理基础、前沿科技、创新思维、动手实践的多重能力。

教师讲解过程中紧密围绕课程的核心内容：信号的特性、线性时不变系统的特性、信号通过线性系统的基本分析方法。在课堂知识讲述上应强化主线的演进：基本信号、信号分解、线性时不变系统的分析。同时构建连续与离散类比的系统性的知识体系，从时域、频域到变换域有序推进知识演进，使课程内容的系统性、逻辑性增强，易于使学生掌握信号与系统分析的完整知识体系。

(三) 第三步：应用模拟

采用信息工具仿真模拟实际信号系统。"信号与系统"课程涉及较多的数学知识，传统的课堂教学主要用于公式、定理和性质的推导及数学计算，教学内容量大且学时不断被压缩，导致学生往往疲于追赶进度，无法融会贯通信号、系统和信号处理之间的关联，理论教学与工程实践相脱节，造成学生的学习积极性降低。通过增加大量日常生活中的典型工程案例，将理论知识与实际工程案例有机结合，注重 Matlab 等仿真工具在示例中的应用，有效激发学生的学习兴趣，让学生从学习中找到解决实际问题的方法，促进"任务驱动"和"兴趣驱动"相结合，推进"理论教学回归工程"。

例如，课堂中布置学生录入一段语音信号，利用 Matlab 观察波形特点和频谱分析，采样实验，添加噪声并进行滤波、语音加重、延迟合成回声等仿真实验。因为每个人的语音信号各不相同，个性化差异导致学生实践热情空前高涨，每人都有不同结果和结论，大作业再也不是千篇一律的走形式了，完成情况极好。

学生在学习过程中，侧重实验操作和实践设计，以加深对基本概念的理解和提高工程分析能力，模拟应用侧重于案例的分析和 Matlab 的模拟应用，激发学生对工程问题进行深入思考的兴趣。

(四) 第四步：案例实践

案例的选取我们遵循"直观性、典型性、工程性、前瞻性"四项基本要求。实施综合案例大作业实践，开展探究式学习。

例如：频域分析引入语音广播、CD 数字录音系统、南非世界杯"呜呜祖拉"喇叭的噪音滤除、典型通信系统等案例；离散傅里叶变换引入语音分析、JPEG 中的 DCT 变换等案例；拉普拉斯变换增加电路的相量法和复频域分析、音响闭环反馈控制系统、通信中的多径传输等案例；Z 变换引入滤波器设计与应用等案例；系统的状态空间分析引入城市人口分布状况估计、他励直流电动机等案例；小波变换引入语音信号去噪、语音信号特征提取、图像去噪、数字水印、图像融合、图像多分辨率重建等案例。

比如，在讲述信号频谱特性时给出一道关于信号分析的题目"歌曲演唱分析与综合系统"，在该题目之下，可以设定的研究任务包括：① 自身演唱信号谱分析；② 与专业演唱者的演唱差异分析；③ 歌曲人声的去除方法研究；④ 男声、女生音域分析；等等。该题目的实验设备容易获取，一台电脑加一个麦克风就可以完成，剩下的就是信号分析工作，借助 Matlab 的函数，基本功能的实现不是问题，真正有挑战的是分析现象的方法。题目的具体实施过程中，可以采用项目制和团队化的方法来进行管理。不同团队之间既有交流合作，又有良性竞争，充分建立起了研究型学习的良好氛围。从大作业的反馈结果来看，学生积极主动地完成任务，而且有的学生的解决思路体现出了较好的创新性，表现出一定的科学研究能力。

四、"三化建设"搭建网络资源学习平台

(一) 资源网络化

团队建设了国家新世纪网络课程和国家精品资源共享课程，以及"西电学堂"等线上支撑资源。线上资源覆盖知识点 255 个，动画个数 30 个，知识拓展资源 7 个，微课视频 240 个，二维码个数 17 个，案例 32 个，Matlab 仿真题目 37 个。

除了纸质教材建设以外，还通过网络或者电子资源的建设形成了"信号与系统"的品牌。比如在"工程信号与系统"的配套网站 (http：//abook.hep.com.cn/12430611)上，建设丰富的教学资源内容，包括实践案例分析、例题疑难解析、仿真程序演示、课程讲解视频等内容。而"信号与系统"国家精品资源共享课程网(http：//www.icourses.cn/coursestatic/course_4233.html)以及"信号与系统"国家精品课程网(http：//202.117.122.42：9001/xhxt/xhyx)也提供了丰富多彩的教学资源；同时正在进行的本课程"微课"建设，对各章知识点体系进行凝练总结，每个视频时长约为 5～10 分钟。上述线上课程资源与纸质线下资源配套，形成了一套完备的教学资源体系。

除了面向社会公众开放的线上资源外，还结合校园网络状况和教学实际需求，建设了本课程的"西电学堂"专门网站。该网站完善了功能，增加了学生答疑、习题讲解、模拟考试、知识点教学录像等内容；突出以学生为中心的教学理念，学生是教学过程的核心，

尤其是网络教学是以学生为中心开展的自学为主的学习方式，因此，所有的教学环节都要以有利于调动学生自主学习能力为原则；通过多种方式将信号与系统课程中的基本概念和基本方法形象生动地演示出来，使重要的知识点用现代科技方法表现出新的生命活力，并要在电子教案中展示"信号与系统"的工程案例分析，以提高学生的学习兴趣，达到更好的教学效果；增加 Matlab 等仿真工具的实践环节，利用其强大的现代计算能力求解信号与系统中的问题，同时能直观显示结果，同时提供许多案例以增强实践性，研制面向学生主动学习的信号与系统疑难问题 100 例，以辅助学生的自主学习；组织国内外著名高校的信号与系统相关课程资源集成和链接，建设辅助教学平台，帮助学生的自主学习和知识储备扩充。

(二) 难点可视化

建设了课程中主要难点要点的大量动画演示，其中包含各种资源建设动画个数 30 余个，并与知识拓展资源和微课视频以及案例和仿真题目相融合。比如，为了阐述时变信号在时域和频域联合分析中的实际情形，我们给出了如图 9 所示的图进行演示。

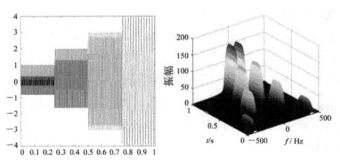

图 9　时频联合分析示意图

(三) 链接即时化

用二维码将重要知识点与在线资源即时链接，建设契合"互联网+"思维的教材。《工程信号与系统》作为本科生教材，2014 年由高等教育出版社出版。该教材紧密结合信号与系统国家精品资源共享课程建设，将动画演示、仿真程序、习题详解、案例解析、例题解析、疑点解析以扩展资源的形式放在网络资源上；同时每一章将重要知识点讲解的视频文件做成二维码以直接浏览，实现了数字资源与纸制教材的一体化设计。

页面设计边缘注解，提出思考问题，解释重要公式的含义，以及说明配套的网络资源，从而可以启发学生思考，深刻理解公式和结论，并通过访问网络资源拓展知识面。

五、创新教学方法，强化工程案例实践

(一) 设计项目型开放大作业

作业和习题的作用在专业基础课教学中的地位毋庸置疑，但若仅仅停留在纸面肯定有失偏颇。因此我们在课程的开设过程中，研究设计了项目型开放作业，设定预期目标和工作任务，并通过认定完成质量完成对学习效果的考察。所有布置的项目型作业，没有固定答案，也没有固定方法。课上讲述内容能够起到基本的支撑作用，但不能完全或者完美地解决问题，这样就充分调动了学生的主观能动性，把原来的填鸭式满堂灌的学习变成了研究型主动型的学习。

(二) "讲—练—评" 三位一体教学

讲：问题驱动，强化主线，强化关联，突出知识演进。练：概念深化，难点循环，实际仿真，案例实践。评：分段过程考核，突出能力测评。

1. 讲：问题驱动，强化主线

讲主要指课程讲授，以问题为导引，通过科学方法的引入和推进，强化知识主线，构建信号与系统分析的知识演进逻辑，增加课

堂提问、分组讨论、课堂演示、仿真操作等内容，提高学生的数理基础、前沿科技、创新思维、动手实践等多重能力。

教师讲解过程围绕基本信号、线性时不变和系统分析方法三条主线开展，使课程内容的系统性、逻辑性增强，易于使学生掌握信号与系统分析的完整知识体系。

2. 练：理论计算，实验实践

学生在学习过程中，一方面需要对基本理论进行概念的强化，故仍需练习一定的课后习题，只有通过必要的习题计算，才能具备扎实的理论基础；另一方面，学生应侧重实验操作和实践设计，以加深对基本概念的理解和提高工程分析能力。实验操作由实验老师来布置任务，主要是对基本理论中的重要概念进行验证；实践设计侧重于案例的分析和 Matlab 的应用。通过 Matlab 实验和综合创新实验，激发学生对工程问题进行深入思考的兴趣。

3. 评：分段测评，综合考查

分段测评根据 64 学时进行划分，每 16 学时进行一次测试，期中和期末分别进行考试。分段测评的目的是根据学生的成绩，老师及时得到反馈，掌握学习情况。这样，教师更有针对性地帮助学生，开展个性化辅导；学生在课堂上得到及时辅导，掌握学习的主动权，提高了学习能力、表达能力、思辨能力和团队协作能力。

针对多元化教学模式，需要对学生进行综合评价。理论教学的考核方式为传统的试卷考试，可在期中和期末进行，考题内容主要包括知识点掌握和问题分析等题型；实验操作可单独考核或与考试成绩进行求和；实践教学的考核方式较为灵活多样，可以采用专题讨论、学习小结、实践报告的综述或大作业等形式，评价结果在作业成绩中进行折算。大作业设计不必过于复杂，任课教师将一些经典案例融入教学过程之中，包括通信系统中调制与解调、控制系统中反馈系统特性、根轨迹和奈奎斯特稳定性判定以及数字滤波器设计、小波变换应用于图像处理等应用案例，然后要求学生针对某一特定案例进行详细的综合设计。

这种综合考查方式，要求教学不能仅停留在老师灌输式教学，学生会浅层次解题，还要促进学生掌握更重要的超越课本的拓展知识和实践能力。在基本课程之外，学生通过大作业的锻炼，培养其自主学习的习惯和自我控制能力，使学生终生受益。

(三) 大班授课，小班辅讲

大班集中阐述基础理论和核心概念，小班内开展个性化辅导。通过主讲教师负责制来确保课程授课质量，同时小班辅讲老师由年轻教师承担，力求能够针对学生的个性化特点提供有针对性的辅导。辅讲过程中提倡科研反哺教学，促进年轻教师将科研经验转化为课堂成果，以此来提高学生对科研活动的参与热情和兴趣。同时这样做还能够对青年教师的教学技能进行锻炼和培训，能够有针对性地提高其学习能力、表达能力、思辨能力和团队协作能力。

六、推广效果的调查分析

通过陕西省高等教育教学改革研究项目等项目的支持，深入"系统与信号处理课程体系改革与创新"，以"培养工程应用型人才"为培养目标，通过对"信号与系统"课程进行开拓性整合和创新，达到提高教学质量和培养高素质人才的目的。

"信号与系统"属于全校公共必修课，统一规划，全校统考，建立了质量监控体系，研究成绩分布与教学的关系；基于该课程建立了主讲教师负责制和青年教师培养制度，包括"大班授课，小班辅讲"，青年教师试讲，专家示范授课、讲课竞赛、督导听课、网络教学、教学研讨等。

重视教学研究，重视对青年教师的人才培养。鼓励进行高质量的教学探索，鼓励结合自己科研进行多种形式的教学实践活动，鼓励参与本科质量提升计划等教改项目，效果良好。通过组织教学竞赛、同行听课和教学心得体会沙龙等形式，促进年轻教师教学水平的快速提高。近年出版教学专著 7 部，发表教学改革论文 11 篇，获得校级及以上教学奖励 10 余项。

针对本成果，团队组织进行了问卷调查活动。问卷包括纸质问卷和在线问卷两种形式，问卷内容相同，收回问卷 232 份，经过筛选后，最后的有效问卷为 210 份。表 1 将重要结果进行了简单汇总。

表 1　调查问卷结果及结论

项　目	主要调查结论	数　据
后续课程支撑	通过开窗搭桥式的讲述，学生能够意识到本课程对后续课程的支撑作用	明显(62.86%) 有作用不明显(37.14%)
Matlab 案例的作用	大部分学生认为案例讲解有助于对理论内容的深入理解	非常有意义(25.71%) 有作用(48.57%) 无作用(25.72%)
改革内容体现对工程的阐述	改革后的内容更注重工程分析和应用，提高了对工程理解的深入程度	很好(15.71%) 有作用(50%) 一般(32.86%) 没作用(1.43%)
新课程教学方式的效率	采用新的教学方式后，效率提高明显，学生学习时的劳动强度有所降低	提高明显(41.43%) 有作用(51.43%) 效率更低了(7.14%)
对新形式教材和线上线下资源的感兴趣程度	大部分同学认为新形式教材和线上线下资源具有更大吸引力	很有兴趣(27.14%) 有兴趣(48.58%) 不感兴趣(18.57%) 没看过(5.71%)

项　目	主要调查结论	数　据
大作业对课程知识的理解帮助	灵活自主的项目制大作业对加深课程理解，实现对课程的灵活掌握有作用	帮助很大(53.56%)
		有一定作用(23.22%)
		无作用(23.22%)
课堂知识对大作业的支撑作用	课堂讲述的知识能够支撑大作业，但并不是完全提供结论	支撑很大(63.08%)
		仅有概念辅助(33.39%)
		毫无帮助(3.53%)
对课程引入的新知识的感兴趣程度	学生对课程中引入的FFT、DCT、滤波器以及小波变换等均表现出兴趣	很有兴趣(57.14%)
		有兴趣(35.71%)
		无兴趣(7.15%)

通过实地调查，我们通过承前启后的"开窗"式阐述，学生能够对本课程的定位有更清醒的认识，对其他后续课程的支撑作用也贯彻到学生的意识之中，从而使学生从根本上重视本课程的学习和研究，达到了主动学习和研究型学习的目的。

通过调查我们还发现，引入新的前沿知识及科学方法，能够增加学生的学习兴趣，通过切合实际的大作业训练，既促进了课程本身的理解，而且还能把课程的知识融入到工程实际之中，有效增强了对理论知识的理解深度。

七、结论

针对电子信息类专业重要的技术基础课"信号与系统"存在的课程内容松散、学生难掌握、传统理论教学对提升学生分析解决问题能力支撑不足、线上资源建设薄弱学生自主学习不足等关键问题，提出了"构建知识有机系统，突出思想方法教学，活化知识，强化能力"的教学改革理念。

创新构建了"五法协同、四步深入、三化建设"的"信号与系统""543"教学模式。"五法协同"是使教学内容成为有机整体，知识鲜活，学生易掌握；"四步深入"是以问题为导向驱动深入学习的四个步骤，可提高学生运用知识解决问题的能力。

建设了支撑学生自主学习的优质教学资源平台。建设了国家精品课程、国家精品资源共享课等 4 个线上资源；出版教材 7 部；在校内每年有 2000 余名学生受益，推广应用至 10 余所高校，全国报告 10 余次并影响了 1000 余名同行。

该成果教学理念先进，方法新颖，创新了教学模式，建设了优质资源平台，受益面广，推广示范广泛，达到了国内先进水平。

注：本成果基于"国家精品课程"、"国家精品资源共享课程"、"国家新世纪网络课程建设工程"三个资助项目。

(执笔人：郭宝龙　闫允一)

★ 2015年陕西省高等教育教学成果奖二等奖
★ 2014年校级教学成果奖特等奖

青年教学人才培养体系和机制的
构建与应用

项目完成人：刘三阳　吴　婷　张鹏鸽　尹小艳　刘　倩
项目完成单位：数学与统计学院

成果简介：随着高校青年教师大量增加，青年教师群体成为影响整体教学质量的关键因素。因此，加快培养大批青年教学人才是一项紧迫的任务。鉴于课堂教学是本科教学的主渠道，也是教师的教学基本功，本成果以培养青年教师授课能力为抓手，多措并举，探索和构建了规范化、常态化、高效化的教学人才培养体系和长效机制，取得了显著成效。

关键词：青年教师；教学能力；课堂教学；培养体系；长效机制

一、问题与使命

教之本在师，决定教学质量的关键是教师的教学能力，随着老教师不断退休和青年教师大量增加，教学人才青黄不接的问题日益凸显，青年教师逐步成为决定大面积教学质量的关键变量。因此，培养大批青年教学人才是一项紧迫的使命。由于课堂教学目前是本科教学的主渠道，是教师的基本功，也是新进青年教师的普遍弱项，如何高效培养青年教师授课能力，并形成规范化、常态化的青年教学人才培养体系和长效机制，是摆在我们面前的一项光荣而艰巨的任务，我们为此做了长期的探索和实践，取得了显著效果，得到了广泛应用。

二、方法与机制

1. 抓早抓实，严格程序

抓与不抓大不一样，我们立足早抓、严抓、抓实、抓细，希望一开始养成好的教学习惯。刚入职的青年教师大多对教学不得要领，讲课只会跟着感觉走。若放任自流，结果可想而知。我们实施一套严格的青年教师培训程序：广泛听课—助教辅导—主讲帮带—试讲考核—教案审查—督导听课—反思整改，从备课、教材处理、课堂讲授、答疑辅导到课后总结等各个环节严格考查，使青年教师尽快熟悉教学过程，练好基本功。学院定期组织试讲点评、示范讲课、观摩教学、讲座培训和经验交流(包括讲课体会、指导数模竞赛和毕业设计经验、科研反哺教学案例、留学收获交流)，安排教学经验丰富的教师进行传帮带。

2. 建章立制，精心引导

制定合理的政策制度，包括准入制、助教制、进阶制、导师制、督导制、岗前培训考核机制、质量检查评价机制、优秀教练指导机制、教学信息反馈机制、资源经验共享机制、教学科研互促机制、优质教学奖励机制，保证一系列行之有效的举措和成果制度化、长效化。定期以座谈会或单独谈话等形式征求学生的意见，对学生考试成绩、学生评教及校、院督导组听课情况等进行分析，评估每位任课教师的教学效果，将学生反映意见、督导组听课意见等教学信息及时反馈给有关教师，督促限期整改。在评优、年终考核、职称评审等方面体现教学优劣，申报教学名师须通过示范讲课环节。

刘三阳在报告《教学：登堂与入室》中，论述教学入门和登堂入室，提出"三基"、"三心"、"三问"、"三个境界"；在《教学艺术纵横谈》中谈到良师怎样炼成时，提出"师德爱心"、"教育理念"、"专业知识"、"教学方法"、"学术研究"、"综合素养"六个指标，总结出"十重十轻"、"讲课十法"、"讲课廿忌"等方法经验，对广大青年教师起到了很好的引导作用。

将青年教师培养寓于团队建设、课程建设、学科竞赛和教改项目实施的全过程，使青年教师融入其中，经受锻炼。

3．教赛相长，以赛促教

讲课竞赛是提高青年教师教学能力的有效手段，本院抓住这种契机，掀起青年教师教学检阅和比学赶帮超高潮，使竞赛活动的群体效应和受训深度、广度最大化。学院的名师和资深教师对参赛选手加大培训指导力度，强化经验优势传承，从选题、内容处理、细节安排、开头、结尾、举手投足、课堂驾驭、师生互动、板书设计等各个方面给予悉心指导、精心点评。每次青年教师试讲完，指导教师们都会各抒己见，点拨指正，现场常常高见迭出，集体智慧互相交融，对师傅带徒弟体制是一种很好的补充和提升。选手们认为练讲、点评、切磋、交流是收获最大的环节，也是最生动的教学研讨课。选手们夺冠之后，深感这种强化培训使自己的教学经验和能力得到了全面升华，有了这种历练和铺垫，日常教学都不在话下。

对竞赛，一是重视，二是超越，既入乎其内，又出乎其外。例如，选拔、培训、竞赛期间要求广大青年教师积极参与，耳濡目染，扩大受益面。同时，走出竞赛，回归常态，将竞赛期间的收获和出色表现转化为日常教学优势，落实到每个教学环节，并举一反三，保证每堂课都是精品。按照刘三阳所说：教有良法无定法，教无止境，教学是常留遗憾的艺术，要经常反思、总结、改进。青年教师应逐渐养成自查反思、总结经验教训的习惯，不断进取，逐渐成为独当一面的教学人才。

4．培植文化，营造氛围

本院青年教师在校内外教学竞赛中屡次夺冠，引起校内外不少专家的赞叹和好奇。除了上述做法外，我们还努力营造重视教学、热爱教学、研究教学、乐传善导、传承优势、比学赶帮的教学文化和氛围。院长在入职教育时常讲："数学是理工科教育的重要支柱，对学生后续学习和发展后劲影响重大，作为承担全校公共数学课的学院，责任重大，要以对学生、对学校、对家长、对社会高度负责的精神上好每一节课。"我们不断增强新教师的使命感和责任感，通过扬优助弱增强教师的荣誉感和成就感。文化滋润和氛围熏陶，使名师前辈们乐于善于传帮带，青年教师们比学赶帮争上游。

三、应用与成效

经过十多年探索和实践，本成果得到了广泛好评和推广应用，成效显著，受益面广。

1．青年教学人才脱颖而出

一个个心中无数的稚嫩新手，训练成为老练的课赛冠军。近年来学校举办的 6 届全校青年教师讲课竞赛中，共产生了 16 个一等奖，其中数统院夺得 8 个，另外还有一些二等奖，成为全校 16 个学院中的最大赢家，特别是最近两届(还邀请了西安交大、西工大、西大等学校的国家教学名师担任评委)，分别夺得 3 个一等奖中的 2 个。

2011 年 10 月，陕西省数学会举办高校青年数学教师示范授课，本校 3 位选手分别在各自课程组名列第一，同行专家高度评价：西电几位青年教师表现特别突出，不愧是名师出高徒。最终我校获得了优秀组织奖。

2013 年 11 月，在陕西省数学会高校第二届青年数学教师示范授课中，又有 3 位选手取得好成绩，我校再获优秀组织奖。

2014 年 6 月，在陕西省高等学校第二届青年教师教学竞赛中，吴婷从全省 62 所高校的 122 名参赛选手中脱颖而出，获得了一等奖。她将 PPT 和板书完美结合，课程内容设计合理，充分展现了良好的教学水平和功底，受到了评委和听课专家的普遍好评。

西安交大国家级教学名师冯博琴教授在校第八届青年教师讲课竞赛中说："乔俊峰老师这堂课，板书非常漂亮，没擦黑板上一个字，没有重复一句话，一堂课讲到了极致。"赵玮教授说："吴婷老师的多媒体与板书无缝衔接，这堂课图形多，信息量大，采用多媒体与板书结合，形象、直观，更容易让学生接受。"

贺慧敏作为青年教师评委参加校第八届青年教师讲课竞赛，她为我院两位老师的精彩讲课所折服，写成《聆听两天课，胜读十年书》一文并发表在 2013 年 3 月的《西电科大报》上。

在首届全国高校数学微课教学竞赛中，本院老师获得全国一等奖 1 个，西北赛区特等奖 1 个(共 10 个)、一等奖 2 个、二等奖 2 个，在全国名列前茅。

在学校微课竞赛中，本院青年教师获得最好成绩。

一批又一批青年教师活跃于教学第一线，成为一支挑重担、打主力的生力军，积极参与教学团队建设和精品资源共享课程建设，主持或承担省、校教改项目十多项。

2．整体教学水平深受好评

校教学督导组前组长赵玮教授评价："在多次随机听课中，督导们普遍认为，与其他院系相比较，数学系教师的知识功底更为扎实，教学基本功过硬，教学工作尽心尽力，教学效果整体反映最好。"

校教学督导李广民教授评价张鹏鸽："注重突出难点和重点，分析深入，形象生动，启发性强。"

数统院学生邓成河评价尹小艳时说："尹老师一直坚持手写板书，定理证明的思路也随着粉笔活跃在黑板上，再配合老师的口头解释，不仅让我们能够理解定理的证明过程，还让我们体会到定理的原证者思考问题的方式。"

通院学生苏凝绿评价张鹏鸽时说："张老师讲课条理很清晰、逻辑严谨、环环相扣，特别棒。她不仅仅告诉你如何做题，还教你如何思考，超级喜欢这样的教学方式。"

在历年学生问卷评教中，本院教师的得分优良率均在 95%以上。由于对备课、讲授、辅导、批改作业、考试等各个教学环节严格要求，学校教学督导组听课和学生评教的结果显示，数统院教师的整体授课水平在全校居于一流。

对全校毕业生的调查显示，上学期间印象最好的任课老师多为数学老师。

3．教学质量工程收获丰硕

获批国家教学团队和 2 个省级教学团队，2 门国家精品资源课"高等数学"和"线性代数"(均是受益面很广的公共课，全国高校少有)，4 门省级精品资源课，还有省级综合改革试点和人才培养模式创新实验区及多个省部级重点教改项目。

4．推广应用辐射量大面广

本成果获得校级特等奖后，学校新闻和《西电科大报》先后做了长篇报道。

主要完成人将个人的教学心得体会与青年教师交流分享，年轻人很受教益。近年来，刘三阳先后在本校和南京大学等 30 多所高校和陕西名师讲堂及多个全国会议上作《教学艺术纵横谈》、《教学：登堂与入室》等报告，包括国家教学名师在内的一些老教授曾索要刘三阳的报告 PPT，作为培训本校教师的参考。

刘三阳应约在《中国教育报》上发表《教学是教师的天职》，并附《讲课廿忌》。

2014 年 4 月，张鹏鸽为全校线性代数教师作了"向量组的线性相关性"专题讲座。

2005 年在陕西省精品课程建设经验交流暨大学数学课堂教学

报告会上，张鹏鸽作了"大学数学课堂教学——精彩一刻"的课堂教学演示。

2013年6月，乔俊峰为学校新入职教师作了题为"微积分基本公式"的教学示范课，参加培训的教师对乔老师精细的板书设计和清晰的讲课思路给予很高评价，并表示对个人教学很有启发。

2013年11月，在首届陕西省青年数学教师交流研讨会上，乔俊峰代表我校作了题为《用心、用功教学》的报告。

2013年12月，在大学数学基础课程培训中，刘倩、吴婷分别作了题为《历练促成长》与《成长心路》的报告，与大家分享了成长之路。

《西电科大报》2013年4月发表了乔俊峰的《教学是个良心活》，2013年6月发表了吴婷的《台上一分钟，台下十年功》。两位参赛教师各自回顾了竞赛的经历和收获，并表示所取得的成绩与学院平时的培养分不开。

2014年5月，吴婷在"新教师课程培训计划"中做了《行走在PPT课件与板书之间》的报告，向大家介绍了如何利用板书与PPT提高课堂效果，并以讲解曲率为例做了现场示范。刘倩做了《谈教学竞赛的设计与反思》的报告。

2015年5月"校第三届教学基本技能培训——青年教师授课方法与技巧"中冯晓莉做了题为"零点定理"的教学示范课。

2015年9月10日，在学校庆祝第31个教师节大会上，本院教师冯晓莉作为学校优秀教师代表在大会上发言，分享在教学方面的成长过程。

深圳大学、南京航空航天大学、北京邮电大学等十多所院校曾派人来我院学习取经。

5. 数学学科竞赛成绩突出

我校在国内外数学建模竞赛中一直成绩突出，获奖数量、获奖率和等级均在全国名列前茅，特别是2015年在全国数学建模竞赛中获得 10 项奖(按规定每校最多可获 10 项奖)，其中一等奖 4 项、二等奖 6 项，夺得本科组唯一的 Matlab 创新奖，并获得 3 篇优秀论文(全国共 10 篇)，2012 年获得国际竞赛两个特等奖提名，2014 年获得特等奖，2015 年获得特等奖和特等奖提名各一个，这样的成绩在全国高校中是少有的。

我校参加最近两届全国大学生数学竞赛，均取得陕西赛区最好成绩，获得优秀组织奖，在全国名列前茅。其中非数学专业类获奖者马海川评价张鹏鸽老师时说道："张老师一贯的教学风格在潜移默化地影响着我，她教会我们的不仅是知识，更是一种学习科学知识的方法，一种对待科学知识的态度。"

在 2012 年陕西省第九届大学生高等数学竞赛复赛中，我校获得一等奖 41 人，占一等奖总数约四分之一，2011 级学生付裕深荣获第一名。

鉴于数学类学科竞赛成绩突出，2015 年 4 月我校隆重举行了数学类学科竞赛表彰大会，校长、副校长出席并讲话。

6. 毕业生出路广后劲十足

由于数学教学整体质量高，为学生的成长成才夯实了基础，在一定程度上促使我校毕业生出路好、就业质量高、发展后劲足。本校就业率一直高于 97%，就业单位和薪酬较有优势。

本院毕业生的国内外名校读研率年均 44%，2015 今年高达 59%。

从我校机电院本科毕业后跟随刘三阳教授攻读应用数学专业硕士的韩路，获国际统计学会 2013 年简·丁伯根奖第二名，并应邀作报告，获得 2500 欧元奖金，《陕西日报》2013 年 10 月 18 日对此做了报道。

高卫峰从数学与统计学院本科毕业后，师从刘三阳提前攻博，发表 ESI 全球热点论文 1 篇(全校 5 年来唯一)，ESI 高引论文 4 篇。

在 2013 年 8 月的百度世界大会技术创新论坛上，我院 2011 届毕业生薛继龙获得首届"百度奖学金"。

四、总结与展望

数学与统计学院以高度负责的精神和强烈的使命感，紧紧抓住制约全局教学质量的关键因素，在青年教师培养，特别是课堂教学能力培养上狠下功夫，持之以恒，集成创新，推陈出新，将教学理念与教学实践结合、教学与科研结合、点面结合、师傅带徒弟与集体智慧结合、文化氛围熏陶与技能培训结合、人才培养与教学项目结合、平时常抓不懈与赛时强化指导训练结合，建章立规，构成了规范、常态、高效的教学人才培养体系和长效机制，取得了显著的实践效果，在校内外得到广泛应用。

长江后浪推前浪，新人一批接一批，青年教师培养任重道远，使命光荣。目前我院拥有一个国家级教学团队和两个陕西省教学团队、两门国家级精品资源共享课和4门陕西省精品资源共享课以及陕西普通本科高等学校专业改革试点等优质教学平台，为青年教师锻炼提高、大展身手提供了广阔舞台，加之本院具有重视教学和传帮带的优良传统以及一批热心帮扶新人的优秀教师，我院一定会薪火相传，一批又一批青年教师脱颖而出，成长为教学科研的行家里手。

注：本成果基于陕西省高等教育教学改革研究项目"青年教学人才培养模式和机制的探索"资助。

(执笔人：刘三阳)

以专业认证为牵引，促进计算机类专业建设的探索与实践

项目完成人：王　泉　崔江涛　马建峰　苗启广　王卫东
　　　　　　　权义宁　向麟海　张国良　赵岩松
项目完成单位：计算机学院

成果简介：我校计算机科学与技术专业是国内最早开展工程教育专业认证的专业之一，分别于 2007 年和 2013 年两次顺利通过专业认证。网络工程专业 2015 年也成为第一个通过认证的网络工程专业。这两个计算机类专业在近 10 年的专业认证实践中，紧紧围绕"以学生为中心"、"目标导向(教学以学生的培养目标和能力要求达成为目标)"和"持续改进"三个认证的核心理念，积极推动专业建设，取得了非常好的成果，为我国工程教育认证试点提供了有力支撑，多次被邀请在全国相关会议上介绍经验，起到了非常好的示范作用。

关键词：工程教育；专业认证；专业建设

为了使教育产出的人才具备公认的、可测量的水平与标准，国际上形成了以学习者为中心，以可显现的证据和绩效为基础的教育质量评价与监控体系，如工程教育的"华盛顿协议"等。随着我国加入"华盛顿协议"的进程，我国从 2006 年开始工程教育专业认

证试点工作。2007年我校计算机科学与技术专业开展了专业认证试点，顺利通过了专业认证，成为首批通过专业认证的专业之一；2013年期满后又进行了第二次认证。我校网络工程专业2015年上半年顺利通过专业认证，是国内第一批通过2015新版专业认证标准的专业之一，也是截至2015年9月国内唯一一个通过专业认证的网络工程专业。

我校计算机类专业在近10年的工程教育专业认证实践中，紧紧围绕"以学生为中心"和"学习产出"的工程教育理念进行了专业建设，取得了丰硕的成果，提升了人才培养质量，同时也为我国的工程教育试点提供了有力的支撑，起到了非常好的示范作用，具有重要的影响。

一、取得的成果

学院通过专业认证与专业建设相结合，建立了一套完善的工程人才培养体系，多次被邀请在全国相关会议介绍经验，起到了非常好的示范作用，也为中国工程教育认证的发展做出了贡献。

1. 以目标导向为中心，建立了国际实质等效的课程体系

工程教育的目标是培养优秀的工程师，但并不是简单的动手能力培养和实习。工程包涵了自然科学、社会科学、数学、管理和人文等，是多学科的综合，工程教育的课程体系就必须包含多学科知识，进行能力和素质的综合培养，这一点与"华盛顿协议"工程教育认证的标准要求是一致的。在认证实践的过程中，我们紧紧围绕这一人才培养理念，修订了具有自己特色的培养目标和毕业要求，并将知识、能力和素质等毕业要求分解于各门课程中，重构了课程体系，同时在课程大纲、教学实施和课程考核中进行了明确。课程实施更加注重学生问题分析、方案设计、开发研究、项目管理、工具使用、终身学习、交流沟通以及团队协作能力的培养。特别是针

对"评价工程实践和复杂工程问题解决方案对社会、健康、安全、法律、文化以及对环境、社会可持续发展的影响"等这一类非技术能力要求，开设了职业道德、专业教育和职业发展等相关课程，使学生从理论了解工程对社会以及环境和可持续发展的影响。同时开设了综合设计、工程设计等实践活动，不但培养学生针对工程问题综合运用知识分析、设计、研究和开发能力，同时强调人的发展、责任和人与社会的关系。

另外，为了让学生掌握现代工程设计的思想和方法，大力开展了与国内外著名企业如微软、EMC2、IBM、Xilinx 的校企合作。通过联合开设相关课程、教师培训、聘请兼职教师、共建教学和科研联合实验室等，将企业最新的技术和工程理念引入教学中，取得了非常好的效果。

通过重构课程体系，在人才出口标准上实现了与国际工程教育"华盛顿协议"成员国的实质等效，为学生成为一名优秀的工程师奠定了基础。

2. 以能力培养为目的，建立了支持学生能力达成培养和创新创业教育的实践体系

实践教学是保证毕业要求达成的一个重要环节。在工程教育认证的实践中，我们设计了"三层两翼"的实践教学体系，明确了各实践教学环节对毕业要求的支撑度，如图1所示。

"三层"指的是渐进式三层实验平台。专业基础实验平台以培养学生掌握扎实的计算机与网络核心基础知识为主要目标；专业实验平台以培养学生综合运用知识解决复杂工程问题能力为主要目标；综合创新实验平台以培养学生的科研与创新能力为主，主要包括云计算大数据综合实验平台、信息安全综合实验等多个创新实验平台。综合创新类实验遵循兴趣驱动原则，通过校企导师指导、实验场地设备开放、共享虚拟平台开放、综合实验内容开放、学生自由选题、企业或导师实际课题引导、小组合作实验、竞赛推动等多

种形式，为学生提供主动探求知识的宽松环境，充分激发学生的潜力和智慧，提高学生的主观能动性，加强学生对专业发展的前瞻性理解和创新意识培养。

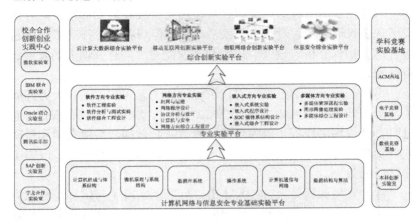

图1　三层两翼实践教学体系

"两翼"是指本科开放创新实验室和校企合作创新创业实践中心，支持以发展学生兴趣为目标的课外实验实践和以发展学生创业教育为目标的创新创业实践活动。学生课外实验实践以学科竞赛活动为主，在实践过程中发现问题、解决问题，培养学生严谨求实的学习态度和勇于探索、积极进取的科学精神。校企合作创新创业实践中心通过与企业实施联合，共建创新实践基地，以校内教师的科研项目和企业的工程项目为驱动，带动学生面向工程实际，开展创新和创业活动。

为了保证"三层两翼"的实践教学体系，建立了云计算和云存储以及虚拟化平台，构建了一套基于虚拟化技术的实验平台，实现了基于 PC 与手机客户端 APP 的演示教学平台与虚拟实验系统，提供实验教学资源共享服务。

3. 以能力要求为标准，建立了目标导向的毕业要求达成度评价体系和持续改进机制

"目标导向"和"以学生为中心"是工程教育专业认证的两个核心理念，要从课程导向的教学模式转变到学生目标导向教学模式，注重每一个学生最终的能力达成。通过认证，我们建立了毕业要求达成度评价体系，通过机试、答辩等多种课程考核方式和设计综合性工程设计题目，建立了从课程考核到最终能力达成的完善的以学习产出为目标的能力达成评价体系。对基础的软件类实验课(如程序设计基础、数据结构、编译原理)，建设了在线训练学习平台，开发了课程考试软件。学生利用网络，随机抽取机试题目，在规定时间内向服务器提交原始代码，由服务器进行编译和测试，做出实验结果的评判，给出成绩。开设了多门大型课程设计和综合设计课程，学生利用一学期的时间，团队协作完成一个完整的软硬件系统设计，考核采用软硬件验收和答辩形式，实现了以传授知识为主到以能力培养为主的学习产出的能力达成度评价。

通过达成度评价，形成了对各教学环节质量的有效反馈，从而持续改进了人才培养质量。

二、成果创新点

1. 与国际认证标准相一致的工程教育人才培养体系

通过构建与"华盛顿协议"等效的人才培养目标和能力要求，采用反向设计方法，设计了相应的课程和实践体系，实现了"以知识点为中心"到"以学生能力要求为中心"的课程体系的转变；同时，建立了一套完善的能力达成度评价方法、评价体系和持续改进机制，实现了人才培养质量的国际实质等效，并通过多次的国家工程教育专业认证得到验证。

2．支撑学生能力达成和创新创业的"三层两翼"的实践体系

建设了支撑学生能力培养要求的"三层两翼"实践教学体系。"三层"以培养学生掌握扎实的基础知识、解决复杂工程问题能力和科研创新能力为主，"两翼"以发展学生兴趣为目标的课外实践和以发展学生创新创业为主。通过实施面向工程实践能力的教学与考核方式改革以及建立云计算为支撑的虚拟化实验平台，提升了三层两翼的实践体系的效果，践行了"知行合一、学以致用"的工程传统。

三、成果的示范作用

(1) 计算机科学与技术专业于 2007 年顺利通过国家工程教育专业认证，是国内最早通过认证试点的专业之一，并于 2011 年 11 月作为全国工程教育专业认证专家委员会开展进校回访首批试点院校之一(全国共 6 个院校专业)。2013 年到期后第二次申请，获得 6 年有效期。网络工程专业 2015 年顺利通过专业认证，是第一批通过 2015 新版认证标准的专业，也是截至 2015 年上半年唯一一个通过专业认证的网络工程专业。这些成绩为我国的工程教育试点和加入国际"华盛顿协议"成员国提供了有力的支撑。我校计算机科学与技术专业是国内最早开展工程教育专业认证的专业之一，分别于 2007 年和 2013 年两次顺利通过专业认证。网络工程专业 2015 年也成为第一个通过新版认证标准的网络工程专业。

(2) 2013 年我校被邀请在教育部第二期工程教育认证培训会上作了《专业认证与体会》的经验交流报告，是唯一被邀请的高校；也先后三次受全国工程教育计算机专业认证委员会邀请在计算机专业认证工作会议及培训会作认证工作相关报告；也被邀请在全国计算机学院院长(系主任)论坛(2012)、第八届全国高校计算机网络教学暨网络工程专业建设研讨会(2015)、全国高等学校计算机教育大会(2015)、中国电子教育学会高等教育分会年会(2014)等国内重要教学会议上作关于专业建设等的相关专题报告，促进了工程教育专业认证的发展。

(3) 通过认证与专业建设，获得了多项质量工程项目和教学成果(见表 1)。

表 1　国家级规划教材

项　目　名　称	主管单位	时间
国家第二类高等学校特色专业建设点——网络工程专业	教育部	2007 年
国家第一类特色专业建设点——计算机科学与技术专业	教育部	2008 年
国家首批"卓越工程师教育培养计划"——网络工程专业	教育部	2010 年
国家"卓越工程师培养计划"——计算机科学与技术专业	教育部	2013 年
国家首批专业综合改革试点项目——网络工程专业	教育部	2012 年
陕西省专业综合改革试点专业——计算机科学与技术	陕西省	2012 年
陕西省计算机实验教学示范中心	陕西省	2007 年
计算机网络与物联网工程陕西省实验教学示范中心	陕西省	2012 年
陕西省网络工程人才培养模式创新实验区	陕西省	2008 年
陕西省计算机系统与网络安全人才培养模式创新实验区	陕西省	2012 年
"计算机科学与技术专业"陕西省级教学团队	陕西省	2010 年
"网络工程卓越计划核心课程"陕西省级教学团队	陕西省	2014 年

(4) 2014 年受中国计算机学会邀请，在《中国计算机学会通讯》上撰写了特邀稿件《专业认证与专业建设》，起到了良好的示范作用。

(5) 2007—2015 年新增了国家级精品课程 2 门、省级精品课程 5 门、省级精品资源共享课 10 门(见表 2)。

表2　新增的省部级以上精品课程

国家级级精品课程		
序号	课程名称	授予年份
1	计算机网络	2009
2	微处理器类实验	2007
省级精品课程		
序号	课程名称	授予年份
1	计算机与网络安全	2012
2	计算机通信与网络	2012
3	计算机图形学	2010
4	网络应用程序设计	2009
5	数据结构	2007
省级精品资源共享课		
序号	课程名称	授予年份
1	计算机与网络安全	2012
2	计算机通信与网络	2012
3	操作系统原理	2012
4	计算机组织与体系结构	2013
5	数据结构	2013
6	网络应用程序设计	2013
7	微机原理与系统设计	2014
8	面向对象程序设计	2014
9	编译原理	2015
10	数据库系统概论	2015

(6) 近5年来，出版各类教材和专著40余本，其中4本入选国家"十一五"国家级规划教材，4本入选"十二五"国家级规划教材，1本获得国家"十二五"高等教育精品教材(见表3)。

表 3 国家级规划教材

教材名称	主编	备注
微型计算机原理及接口技术(第二版)	裘雪红	"十二五"国家级规划教材 "十一五"国家级规划教材 国家高等教育普通高校精品教材
计算机组成与系统结构	裘雪红	"十二五"国家级规划教材
计算机系统安全(第二版)	马建峰	"十二五"国家级规划教材
网络应用程序设计	方敏	"十一五"国家级规划教材
组合数学	姜建国	"十一五"国家级规划教材
计算机系统安全	马建峰	"十一五"国家级规划教材
计算机系统结构(第4版)	李学干	"十二五"国家级规划教材

(7) 与中兴通讯、德州仪器(TI)、中电集团 54 所等企业联合建设了 3 个国家级工程实践教育中心,获得教育部资助的建设经费 600 万元。与 IBM、微软、中兴、腾讯、TI 和 Xilinx 等公司成立了联合共建实验室,建立了实践实训基地。依托这些基地,学生创新活动热情高涨,仅每年参加校 ACM 竞赛的学生就超过了 50%。

(8) 多次接待包括西安交通大学、西北工业大学、中山大学、西北农林科技大学、兰州理工大学、河南工业大学等院校相关专业的来访和交流,与我们共同探讨工程教育改革问题,起到了良好的示范作用。

(9) 人才培养的质量得到社会广泛认同,就业层次高,毕业生主要进入国有研究所、腾讯、阿里巴巴、新浪、IBM、微软、华为和中兴通信等国内外知名企业,享有很高的社会声誉。同时拔尖人才辈出,每年在全国电子设计大赛、信息安全大赛、微软嵌入式竞赛、大学生数模竞赛、ACM 国际大学生程序设计竞赛、大学生挑战杯等竞赛中取得了良好的成绩(见表 4)。先后三次捧得全国电子设计大赛"嵌入式系统"专题赛最高奖"Intel 杯",成为国内唯一捧得三次"Intel 杯"的高校。创新项目"妙趣剪纸"团队在 2015 年腾讯 T 派移动互联网创新创业大赛中夺得最高奖——金创奖，并获得创业投资。

表4　学生获奖汇总

赛 事 名 称	获奖年份	获奖等级			
		国一	国二	省一	省二
全国大学生电子设计竞赛嵌入式专题竞赛	2010—2014	2	8	9	12
ACM/ICPC 国际大学生程序设计竞赛	2010—2014	1 (金牌)	10 (银牌)	15 (铜牌)	
全国大学生"挑战杯"	2010—2014	2	4		
全国大学生数模竞赛	2010—2014	4	5	16	23
全国大学生信息安全大赛	2010—2014	1	3		
美国数模竞赛	2010—2014	3	12		

注：本成果基于计算机学院本科教育质量提升计划资助项目。

(执笔人：崔江涛　赵岩松)

电子信息领域工程硕士培养模式
改革与实践

项目完成人：姬红兵　魏　峻　李青山　马　莉　高宝铜
项目完成单位：研究生院

　　成果简介：针对我国经济社会发展对电子信息行业高层次工程技术人才的迫切需求，深入分析了工程硕士研究生教育的特点和存在的问题，结合我校在电子信息领域的学科优势与特色，历经四年，在教育理念、培养模式、实习基地、保障机制等方面进行了工程硕士联合培养模式改革与探索，取得了研究生教育教学实践创新性成果，对教育改革实践具有较大的示范作用。

　　针对电子信息类人才培养中政府、行业、企业、高校的不同目标和利益，创新性地建立并实施了适用于电子信息行业高层次工程人才培养的多类型联合培养模式、联合培养基地和联合培养机制，包括：以服务需求为导向，建立了适用于不同企业特点的五种联合培养模式；以实践能力为导向，建立了不同层次的实践体系和多种类型的联合培养基地；以机制创新为导向，建立了服务需求、协同育人、多元投入、合作共赢的联合培养长效机制。

　　本成果获得首批"全国示范性工程专业学位研究生联合培养基地"、"全国工程硕士研究生教育创新院校"、"全国工程硕士研究生教育特色工程领域"（电子与通信工程、集成电路工程、软件工程领域）等荣誉称号，具有较好的应用效果，对我国电子信息领域工程硕士培养具有引领和示范作用，对其他工程领域工程硕士培养也具有一定的借鉴与推广价值。

关键词：工程专业学位研究生教育；研究生培养模式改革；
电子信息工程领域

我国已成为新的全球电子信息产品制造中心，电子信息产业也成为我国战略性支柱产业。电子信息行业具有知识更新快、技术换代快、交叉渗透性强、创新与创业无缝链接、市场成长快、企业涉及面广等特点，行业企业对高层次应用型人才的需求十分迫切。我校作为电子信息行业特色型高水平院校，具有鲜明的电子信息学科特色和国防科研特色，在高层次工程技术人才培养方面具有传统的优势与特色。面对电子信息领域科技和产业发展需求，学校积极开展工程硕士培养模式的改革与探索，以培养电子信息行业高水平工程师为目标，强调对工程实践问题的理解和解决工程问题能力的培养。自 2009 年以来，学校承担了全国工程硕士教育研究重点项目"电子信息类全日制工程硕士培养体系研究与实践"，2010 年我校成为教育部专业学位研究生教育综合改革试点高校，在电子与通信工程、集成电路工程领域开展试点，在提升教育理念、创新校企联合培养模式、建立联合培养基地以及多元投入合作共赢保障机制等方面进行了有益的探索和实践，积累了较好的经验，成效显著。2010年我校获"全国工程硕士研究生教育创新院校"，电子与通信工程、软件工程、集成电路工程等获"全国工程硕士研究生教育特色工程领域"荣誉称号；2013 年专业学位研究生教育综合改革试点项目通过教育部验收；2014 年西电昆山研究生院获得首批"全国示范性工程专业学位研究生联合培养基地"，西电—航天五院西安分院、西电—航空计算机研究所联合培养工作站获得首批"陕西省研究生联合培养示范工作站"荣誉称号。2014 年，全日制工程硕士联合培养模式改革试点单位"西安电子科技大学昆山研究生院"获教育部

"2014年专业学位研究生培养模式改革项目"立项；2014年，由我校牵头负责，北京航空航天大学、上海交通大学、国防科技大学等8所高校共同参与的"电子与通信领域工程硕士工程实践能力培养与职业资格认证衔接机制的研究"项目获教育部"2014年专业学位研究生培养模式改革项目"与"全国工程专业学位研究生教育重点课题"双立项。培养出了一批以胡晓斌、唐铭谦为代表的高水平、深受企业欢迎的毕业生，铸造了西电电子信息类工程硕士研究生教育的品牌。

一、面临的主要问题

1. 人才培养规格不能满足社会需要

尽管我校毕业研究生就业率一直保持在98%以上，深受电子信息领域行业企业的青睐和认可，但是毕业研究生入职后还需较长时间的岗前培训，职业发展潜能有待提高。这反映出人才培养还不能完全满足用人单位需要，研究生的职业素养和工程实践能力培养薄弱。因此，更加突出主动服务需求，加强工程实践能力培养是推进工程硕士教育改革的关键。

2. 产学研结合培养模式改革需要深化

推进科教结合、产学研结合是当前研究生教育综合改革的主要方向，但电子信息行业企业涉及面广，规模层次和产业方向千差万别，涵盖了国有行业巨头、民营和外资大中型企业、中小型高新技术企业，以及众多处于创业阶段的小型企业，这些企业的用人需求和开展联合培养的条件各不相同。因此，探索适应不同企业实际需求的校企联合培养模式是工程硕士教育改革迫切需要解决的问题。

3. 校企联合培养基地建设需要加强

自2009年开始，我校全日制专业学位研究生教育得到了快速发展，2014年招收全日制专业学位硕士研究生1310人，占总招生数的42%，未来几年将逐步提高到50%～60%。随着专业学位研究生数量的增加，校内应用类科研项目以及实习实践基地不能满足人才培养的需要，难以保证实习实践环节质量。如何整合社会资源，加强与地方政府、行业和企业合作，为工程硕士提供良好的实习实践环境，是工程硕士教育改革的重要内容。

4．联合培养长效保障机制有待建立

企业以获得最大利润为根本，无需承担人才培养的职责。开展校企联合培养，需要企业负责研究生的工作条件、生活保障，以及日常管理等，这些都会增加企业的额外负担。而实习生不能完全达到企业的要求，并且毕业后也不一定会留在企业就业。因此，单纯以人才培养为目标的联合培养模式很难持久，急需建立多元投入合作共赢的联合培养长效机制，这是工程硕士教育改革的重要保障。

二、具体的改革举措

1．不断提升教育理念

主动服务社会需求，将培养社会急需的高层次应用型人才作为学校人才培养的重要任务，工程硕士培养要实现由传统的以教授科研兴趣为主导向以社会需求为主导转变，注重"教学—科研—创新—生产"应用型培养模式创新。

在具体实践中，学校必须全面了解行业、企业对人才规格的需求，既不能单纯以人才培养为目标，忽略企业的需要，又不能完全迎合企业的需要，偏离人才培养的规律。要以人才培养为中心，紧密结合行业需求，整体设计培养方案，构建相关知识和能力培养体系，更加注重提高研究生的工程实践能力和未来职业发展潜力的培养。

2．科学定位培养目标

我校作为电子信息行业特色型高校，在培养电子信息类高层次工程技术人才方面具有传统的特色和优势。如何厘清专业型和学术型研究生的区别，科学定位培养目标，构建相应的培养体系，是我

校推进工程硕士研究生教育改革的核心。学术型研究生注重对科学问题的发现和创新能力的培养，专业型侧重于对工程实践问题的理解和解决工程问题能力的培养。我校工程硕士教育以培养电子信息行业高水平工程师为目标，将应用型研究生培养与生产实践、社会实践相结合。在总结近年来工程硕士教育改革实践的基础上，2013年起我校开展了研究生培养方案的修订工作，历时一年半，按照一级学科和专业学位类别或工程领域，分别对培养方案进行修订，包括学术型70个、专业型19个，其中工程领域13个，进一步明确、规范了学术型和专业型研究生培养体系。

3. 面向需求的定制式培养

(1) 面向企业需求的招生选拔机制。依据企业实际需求，单列专项研究生招生计划，2014年我校招生简章中单列计划有：西电昆山研究生院120名；中电集团电子科学研究院2名、第27研究所2名、第29研究所2名；华北计算机系统工程研究所20名。企业专家全程参与招生复试、面试，强化学生工程能力和综合素质的考查，为企业选拔后备技术骨干。

(2) 面向产业发展的动态化课程体系。在培养方案制定中，参照行业工程师的标准，邀请行业专家参与，体现行业需求。结合企业需求实际，动态优化课程内容。以产品研发为案例，开设面向产业需求的新技术校企联合课程。例如，联合鲲鹏通信开设的"3G智能手机开发与应用"，联合联滔电子开设的"移动终端天线的工程设计与实践"等课程。

(3) 面向工程能力培养的实践教学体系。将实践能力培养贯穿于培养全过程，构建了包括课程实验、系统综合实验、工程实训、企业实习和学位论文科研等不同层次的实践培养体系。结合企业实际应用，面向研究生设立创新基金，激发研究生的科技创新思想，并为企业提供解决实际问题的方案，近三年，企业投入创新基金累计450万元，共资助46项，其中企业发布的课题43项，研究生自选课题 3 项。

(4) 项目牵引联合研发的企业实习模式。企业提出相关课题，联合企业技术人员、学校导师、研究生三方共同研发。学生在双导师指导下，参与整个项目研发过程，将实习与学位论文工作有机结合，提高实习效果，保证学位论文工作质量。

4. 适应需求的校企联合培养模式

电子信息行业企业涉及面广，不同层次和类型的企业对联合培养的要求不同，只有满足企业发展需要的联合培养模式才能得到企业的认可和欢迎。我校针对企业实际需求，设计了五种联合培养模式，具体如下：

(1) 企业实习模式：研究生实习阶段进入企业，通过完成企业指定的研发任务完成培养过程，适用于大多数企业，研究生是其企业技术力量的有效补充。四年来，每年通过该模式进行实习的研究生占 32.84%。

【典型案例】 胡晓斌，2003 级硕士生，2004 年在天瑞仪器公司实习，2005 年加盟江苏天瑞仪器股份有限公司(300165)，曾任副总经理、技术总监、公司第三大股东。

(2) 委托培养模式：强调企业参与选人、育人和用人的全过程，是一种定制式培养模式，适用于研究所或大中型企业。四年来，共培养 338 人。

【典型案例】 李慧，2009 级硕士生，在企业导师游兴忠(中电科技集团第 29 所副所长)的指导下，完成了"空间电磁场强建模与仿真"项目，毕业后留在 29 所就业。

(3) 项目牵引模式：企业通过具体研发项目选人、育人和用人，适用于和学校有科研合作的企业。四年来，我校 2011 协同创新中心通过项目牵引模式共联合培养 278 人。

【典型案例】 李建平等四名 2011 级硕士生，负责完成江苏安杰瑞公司的"涉密文件扫描系统研究与实现"项目，通过海关总署鉴定,2013 年获得国家保密局两项专项,获科技部创新基金立项。

(4) 基金资助模式:企业面向研究生设立的创新实践基金,通过完成基金项目实现育人和用人,适用于处于高速发展阶段的中小型企业。四年来,累计资助工程硕士研究生 108 人。

【典型案例】 唐铭谦,2011 级硕士生,受鲲鹏创新实践基金(由昆山鲲鹏通信公司设立)资助,获发明专利 4 项(含申请),软件著作权 2 项(含申请),毕业后入选阿里巴巴公司的"阿里之星",以年薪 60 万加盟阿里。

(5) 联合实验室模式:是校企联合共建实验室,通过实验室开放研发项目完成育人和用人,这一模式适用于研究所或大中型企业。我校已建立电子信息领域校企联合实验室 31 个。

【典型案例】 崔超,2010 级硕士生,2011 年 5 月进入西电—英特尔联合实验室,先后参与了基于 UPF 语言的低功耗设计与验证、FPGA 验证、带有电源信息的功能仿真和 MVRC 低功耗静态检查等多个项目研发,于 2013 年 4 月进入英特尔移动通信技术(西安)有限公司工作。

5. 联合培养基地建设

面对日益增长的工程硕士规模,学校一方面积极拓展建立校外多种类型的校企联合培养基地,另一方面加大校内实习实践基地建设,依托学校各类重点实验室和工程中心,开展实习实践培养。

1) 校外联合培养基地

实习企业对实习效果起着决定性的作用,我校优先选择国内重要行业的骨干企业、有影响力的高新技术企业和国际知名企业作为实习基地。面向电子信息领域,已经建立了包括与昆山市政府、中航科技集团、中电科技集团等所属的相关研究所,以及华为、中兴通讯、英特尔等国内外知名企业的实习实践基地 71 个。

其中,西电昆山研究生院紧密结合昆山市科技产业升级转型发展对高层次应用型人才的需要,充分发挥学校在电子信息领域的学科、科研和人才培养的优势，联合昆山市政府共同构建政、产、学、研、用高层次人才联合培养基地。昆山市政府在资金、场地、科技、人才服务等方面为联合建设提供有力支持，给予接收实习研究生的昆山市企业提供相应的科技立项、实习生生活补贴(每人每月 1000元)等政策支持。同时，对于西电昆山研究生院毕业生在昆山市就业、创业等方面提供相应的政策支持和帮扶。这些政策支持保障了联合培养基地的持续、健康和稳定发展。2014 年 7 月，首批 42 名工程硕士进入昆山企业实习。2014 年 9 月，昆山市精选 26 家企业入校与 2015 级昆山研究生院 124 名工程硕士进行实习对接。

2) 校内实习实践基地

依托学校科研资源，建立了校内实践基地，包括教育部 2011 协同创新中心、4 个国家级和 23 个省部级重点实验室与工程中心、31 个校企联合实验室和 1 个教育部研究生创新实践基地，开展研究生工程实践训练。研究生在参与科研项目期间，须到合作企业参与相关项目的联调联试等环节，了解企业生产实际、工艺流程以及技术规范。学位论文选题须结合参与的科研项目开展相关技术攻关和研发，在学校导师和企业导师的共同指导下，完成学位论文。

学校提供 1500 平方米科研场地，投资 750 万元，企业投资 200 万元，总计 950 万元用于研究生创新实践基地建设。该基地的主要功能包括：一是结合课程教学，开展综合系统实验训练；二是通过企业创新基金项目和高水平学科竞赛，加强研究生创新实践能力培养；三是以企业需求为导向，开展相关的工程实践类教学和培训，为校企联合培养研究生顺利入驻企业开展实习提供相应的工程实训支撑；四是通过开展职业、创业培训及暑期夏令营等多种形式，提升研究生的综合素质。2010 年以来，由创新实践基地资助的研究生参与各类研究生高水平学科竞赛获得一等奖及以上 10 项，二等奖 15 项。

6. 培养机制改革

(1) 企业深度参与的人才培养机制。企业参与人才培养的全过程，既有利于高校了解行业、企业人才培养规格的需求，也是主动服务社会需求的具体体现。联培单位在招生计划阶段就开始介入，确定人才需求规格，参与人才选拔、培养方案制定，课程体系建设，实习实践以及学位论文等工作，从培养机制上保证了企业的参与度。企业深度参与人才培养全过程是体现服务需求的根本保障和实现可持续发展的长效机制。

(2) 多元化研究生教育投入保障机制。企业实习需要多元化的投入机制作为保障。企业负担实习生的部分生活补贴，并根据学生的工作表现给予适当的绩效奖励，对于保障实习生的基本生活、调动学习和工作积极性有显著效果。我校在推进联合培养基地建设的同时，积极吸收社会资源，完善工程硕士教育的多元化投入保障机制，为工程硕士实习实践提供了良好的生活和工作环境。例如，中电科技集团为联培研究生在课程学习期间提供 800 元/月的生活补贴，进入实习后提供不少于 1500 元/月的生活补贴。成果期内，共吸收企业资金 2450 余万元，其中设立创新实践基金 450 万元，发放生活补贴 2000 余万元；学校投入 2500 余万元，用于工程硕士奖助体系建设。

(3) 需求导向合作共赢的联合培养机制。校企联合培养不能单纯以人才培养为目标，只有服务企业需求，实现合作共赢才能保证联合培养的可持续发展。校企联合必须是优势互补的强强联合，企业能够利用学校的基础研究做支持，学校的科研成果能够通过合作转化为企业的生产力，体现服务社会的功能。为此，学校的科研方向既要紧跟学科发展前沿，满足国家发展战略需求，同时也要结合企业的发展战略。通过校企联合科研攻关实现产学研结合，服务于人才培养，使学校、企业、导师、企业技术人员和研究生形成利益共同体，让研究生全程参与项目研发，在工程实践中完成科研训练。

(4) 建立企业需求导向、校企合作共赢的联合培养长效机制不仅可以调动企业参与人才培养的积极性，也能极大地调动学校导师的积极性，同时，经过实践锻炼的研究生也更受企业的欢迎。科教结合、产学研结合的人才培养机制最终可实现企业、高校、导师和学生多方共赢。以华为西安研究所和英特尔西安分公司为例，其工程师中分别有60%和20%为我校毕业的研究生。

三、主要创新点

(1) 以服务需求为导向，建立了适用于不同企业特点的联合培养模式。强调企业参与选人、育人和用人的全过程，针对不同企业的特点和实际需求，设计和实践了五种类型的联合培养模式，包括企业实习模式、委托培养模式、项目牵引模式、基金资助模式和联合实验室模式等，满足了企业人才培养规格需要，调动了企业参与人才培养的积极性，实现了校企协同育人。

(2) 以实践能力为导向，建立了不同层次的实践体系和多种类型的联合培养基地。将实践能力培养贯穿于培养全过程，构建了包括课程实验、系统实验、工程实训、企业实习和项目研发等不同层次的实践体系；探索建立了多种类型的联合培养基地，包括政府主导型(昆山研究生院)、行业主导型(中电科技集团、中航科技集团)、企业主导型(华为、中兴通讯、英特尔、富士康)、校内实践型等。

(3) 以机制创新为导向，建立了服务需求、协同育人、多元投入、合作共赢的联合培养长效机制。建立了企业深度参与人才培养全过程的培养机制、多元化的研究生教育投入保障机制，以及协同育人合作共赢的联合培养机制，充分调动了企业、高校、导师和研究生的积极性，保障了联合培养基地健康发展。

注：本成果基于教育部"专业学位研究生教育综合改革试点项目"、"全国专业学位研究生培养模式改革重点项目"两个资助项目。

(执笔人：马　莉)

★ 2015 年陕西省高等教育教学成果奖二等奖
★ 2014 年校级教学成果奖一等奖

全时段、全方位，构建电子信息工程专业人才培养体系

项目完成人： 廖桂生　苏　涛　郭　涛　王新怀　周佳社

项目完成单位： 电子工程学院

　　成果简介： 该成果认为工程教育是在具有工程背景的师资队伍支持下，全时段、全方位的培养体系。教师的工程能力和背景是培养质量的重要保障。应在不同的时期，逐步提高学生的能力，并通过细微的，不间断的训练，贯彻"全时段"的理念。突出实践设计类环节，涵盖课程、实验、实践、竞赛、实习和创新创业等，实施"全方位"培养。

　　该成果归纳了本科生工程能力的内涵，分解为知识、能力和素质要点，并落实到课程体系、实践体系和竞赛体系等教育环节中，从而构建了全时段、全方位工程能力培养的体系；同时，强调教师工程背景对人才培养的重要性，要求青年教师加入科研团队，形成了以多种形式提高青年教师的工程能力和授课水平的有效机制。

　　该成果的教材建设、课程建设成果显著；学生竞赛成绩突出，教师能力提升明显。项目成果正不断总结、提升和深化，并以多种方式进行研讨和推广。

　　关键词： 全时段；全方位；工程教育；专业人才培养体系

一、成果简介和解决的教学问题

该成果依托电子信息工程国家级专业综合改革试点、电子信息与通信虚拟仿真实验教学示范中心和学校本科教育质量提升计划的支持，在深入理解工程能力内涵，全面构建精细化培养体系，保证学生工程能力达成的指导思想下，将电子信息工程专业工程能力的培养细分为若干要点，并落实到本科四年和各个教育教学环节，构建了全时段、全方位的人才培养体系。经过研究和运行，学生的工程能力得到普遍提高，竞赛成绩突出；师资队伍建设效果显著，并形成了一定的辐射示范效果。

该成果经研究发现，电子信息工程专业人才培养主要存在如下问题：

(1) 本科生的工程能力内涵不明确，一味强调加强。要求不足或者过分拔高都是不可取的，同时对于综合素质要求更加模糊，缺乏对应支撑的培养环节。

(2) 工程和实践能力的培养集中在本科高年级，知识储备和能力训练脱节，在学习的时候不知道有什么用，在用的时候才发现没有学好，还不知道怎么用。

(3) 工程能力训练方式和环节单一，集中在综合实验与毕业设计，科技活动和学科竞赛学生参与度不足。

该成果经研究认为，工程教育应该是在具有工程背景的师资队伍支持下，全时段、全方位的培养体系。教师的工程能力和背景是培养质量的重要保障。应在不同的时期，逐步提高学生的能力，并通过细微的、不间断的训练，贯彻"全时段"的理念。突出实践设计类环节，涵盖课程、实验、实践、竞赛、实习和创新创业等，实施"全方位"培养。

该成果解决的教学问题如下：

(1) 归纳了本科生工程能力的内涵，分解为知识、能力和素质要点，并落实到课程和教学环节。

(2) 构建了全时段、全方位工程能力培养的体系。

(3) 强调教师工程背景的重要性，形成了多举措培养教师工程能力的机制。

二、成果解决教学问题的方法和举措

(一) 归纳本科生工程能力的内涵

该成果归纳了本科生工程能力的内涵：以知识运用为核心，以解决问题为目标，具有解决相对复杂工程问题的能力。其中：

(1) 不同于实际工程的目标导向和科学研究的先进性导向，本科生工程能力素质培养的核心是"运用"，将数理知识、专业知识、综合素养和技能等运用到解决工程问题中。

(2) 问题本身具有一定的复杂度，可以是深度方向的，设计指标较高、难度较大，方案选择和执行有难度，或者不是仅靠常规方法可以解决的；也可以是广度方向的，涉及多个模块和单元。

(3) 问题解决涵盖全工程流程，即包括问题描述、建立模型，通过调研、分析、综合和实验得到结论，并能分析结论，指导下一步工作。

(4) 问题的内涵涉及多种因素，需要考虑各方因素的冲突和协调，比如高指标和低成本等。

(5) 问题的外延需要综合考量，可能涉及人文、环境、可持续发展等诸多因素。

(二) 构建"全时段、全方位"培养体系

1. 课程体系建设

1) 总体规划

围绕专业本科生工程能力培养目标，首先对培养方案进行了修

订。修订中，特别调研了行业专家和企事业代表的意见，顺应社会需求的变化和行业的发展。

培养方案对本科四年的培养环节进行了精细化设计，将工程能力要求分解为知识、能力和素质要点，并落实到相应课程，增加了能力素质矩阵等；提出了"两张成绩单"，除了常规课业成绩单之外，增加了工程能力素质成绩单，要求学生必须参加至少一项科技活动或竞赛，完成实验、实践和竞赛等学分。

贯彻"全时段"培养，将工程能力培养目标进一步分解细化，落实到相关课程中。按照"了解——理解——模仿——应用"的不同层次，对应到基础、专业基础、专业课程和综合创新环节，并采用多种方式训练学生的综合能力，完成对应课程的要求。比如，通过课前预习，训练学生自学能力；通过课程论文大作业，训练学生查阅文献、分析、综合和写作的能力；通过分组讨论和实验训练学生表达和团队合作能力等。在各个阶段，采用多种方式，通过细微的、不间断的训练，持续培养学生的工程能力和素质。

2) 课程组建设

为了提高课程建设的效果，发扬并强化了课程组建设，确立了课程负责人，明确了其职责和权利，统一规划课程的建设，组织课程的研讨和学习，监督课程的效果。

学院分两期分别对课程组进行了专项建设投入。第一期，要求各个课程组必须完成"一份课程大纲、听一节课、召开一次师生交流会"的"三个一"；第二期，特别针对教师个人执教水平提升和课程上网建设，要求每位老师提交备课笔记、课程学习心得、知识点分析等，用于分析交流和充实备课资源库；同时，每门课程均在"西电课堂"网站上建立了平台，实现了课程上网，打造成课程学习和交流的平台。目前，学院已有 50 多位教师完成了课程上网建设。

3）教材建设

贯彻工程能力培养融入课程教学的理念，组织编写了一批特色鲜明的教材，教材系列强调在阐述理论体系的同时联系工程和应用。已经出版的教材有"十二五"国家级规划教材《简明微波》和《电磁场与电磁波基础》、普通高等教育电子通信类国家级特色专业系列教材《随机信号分析》，以及工程数学系列教材《复变函数札记》、《矢量场论札记》、《矩阵论札记》和《概率论札记》等。

新教材的出版和应用进一步推动了"全时段、全方位"的培养理念向课程特别是基础类课程的落实，教师可以更好地把握和实现本课程的阶段性知识和能力培养目标。

2．实验体系建设

实验是训练学生工程能力的直接环节，一贯受到相当的重视。在该成果中，单独申报立项了校级教改项目《建立专业实验课程体系，强化特色发展创新》，形成了实验课程的培养方案和大纲，建立了以能力培养为主线，分层次、多模块、相互支撑的科学系统的实验教学体系。在基础实验中强调理解，在专业实验中强调应用，在系统实验中强调综合与分析，在实验内容上引导学生应用理论自行设计实施，在实验方式上鼓励采用分组、答辩等方式，培养学生的实验能力和综合素质。

实验体系"虚实结合"，2013 年申请并获批国家第一批虚拟仿真实验教学中心"电子信息与通信虚拟仿真实验教学中心"。中心建设以来，充分发挥虚实结合的优势，增强理论教学的效果；贯彻"仿真驱动研发"的理念，在课程教学、电子设计竞赛和创新创业中大量使用虚拟仿真工具，将仿真设计能力作为本科生必备的工程能力予以培养和运用，大量学生在模电、数电、电路类实验、电子设计竞赛、微波电路设计和网络分析仪虚拟实验中学习应用虚拟仿真工具，获得了良好的效果。

3．实践体系建设

规范和拓展校外实习基地建设，申请实施"强化实践能力，寻求共赢发展的时间基地建设"校级教改项目。规范校外实习的流程和内容，编写了校外实习课程大纲，要求实习内容设计中强调校内教学内容和工程实践的结合，增强学生对实际工程问题的见识和理解；要求学生必须参与到实际的工作环节，增强实际动脑动手的能力；在合适的条件下，将实习与毕业设计等融合，由企业导师出题，校企导师合作完成本科生毕业设计的指导，学生在毕设中解决实际的工程问题。2014 年，本专业超过 20 名学生完成了校企联合培养和毕设。

4．竞赛体系建设

大学生竞赛是激发学习兴趣、引导教学方向、锻炼实践能力的重要环节，该成果逐步推动把竞赛影响深化，使受益面扩大。执行中，申请"大学生电子设计竞赛机制和课程改革"、"电子设计竞赛实践基地建设"等校级教改项目，将学科竞赛纳入课程改革中，针对电子设计竞赛的 5 个方向，与课程建设进行深度融合，结合竞赛常用知识点进行改革尝试，效果较好。并且，进一步补充了部分课程和实验，比如 EDA 与 Matlab 联合的 DDS 综合系统实验、微波放大器设计等，提高了学生的实践能力。

建立了规范的培训和选拔机制，强调竞赛活动的学生受益面，引导更多的学生参与学习和提高，帮助优秀的学生迅速提高能力。近年来学院的学生在电子设计竞赛、电子设计专项赛、嵌入式竞赛、数模竞赛和计算机编程等比赛中，取得了突出的成绩。以电子设计竞赛为例，通常设定理论课培训、笔试选拔、校内培训、校内单人赛和组队实训等环节，初次学生报名人数可以超过 2000 人，第二阶段培训也多达 400 余人。表 1 给出了近年全国电子设计竞赛的获奖情况，学校获奖数量逐年提高，其中电子信息工程专业历年获奖数量都居全校首位，且在 2013 年获得国家一等奖 3 项，并捧得最高奖"瑞萨杯"；2015 年获得国家一等奖 4 项，二等奖 1 项，帮助学校实现一等奖和总获奖数量全国双第一，创历史最好成绩。

表 1　学校历年国家大学生电子设计竞赛获奖情况

年份	参赛队数	国家一等奖	国家二等奖	省三等以上
2009	33	5	6	16
2013	25	7	3	24
2015	37	10	9	28

5. 师资队伍建设

该成果对于师资队伍的水平，特别是基础课教师的工程能力和背景提出了更高的要求，这样才能深刻理解理论的意义和内容，才有可能在教学中传递给学生相关的信息和认识。教育首先是对教育者的教育，该成果将教师的工程能力和素质培养放在了非常重要的位置。

(1) 青年教师加入科研团队。学院要求青年教师加入科研团队，在团队中锻炼发展。通过实际的科研工作，特别是工程项目的锻炼，将理论知识与实际工程相结合，加深对理论的认识和理解，加强对知识的综合和应用。这些促进了青年教师的水平提升，自己的水平高了，才有可能将课程讲得更好。鼓励青年教师投身实践，到国外学习或到企业挂职。

(2) 强化学习和提升。学校和学院有针对性地组织了青年教师的课程培训和学习。其中有课程的专门培训，包括复变函数和场论、信号与系统、电路分析基础等；也有专项培训，比如国家名师梁昌洪教授关于教学态度的讲座，国家名师刘三阳教授关于课堂授课方法的讲座等。

同时，形成多种方式帮助教师提高工程能力的机制。2014 年年末，组织部分实验教师赴法国参加了相关培训，有效提高了教师的专业素养和授课水平。利用学校年度青年教师竞赛，要求全部青年教师参与竞赛和选拔，组织培训和练习，以赛带练。在学校青年教师讲课竞赛中连年获得好成绩，其中在 2014 年第一届青年教师讲课竞赛(实验类)中获得一等奖，2014 年青年教师讲课竞赛中获得一等奖一项，获奖的青年教师均直接晋级副教授职称，首次由一个学院连续获得双项奖励。

三、成果的创新点

(1) 该成果归纳了大学生工程能力的内涵，精细化分解了知识、能力和素质要点，并将其落实到课程和教学环节。在时间上，实现了不同层次，渐进地、持续地训练和培养，并通过课程、实验和实习等不同的模块，各有侧重、相互配合；构建了全时段、全方位的培养体系。

(2) 将竞赛纳入课程体系建设，单独设置能力素质成绩单，要求学生必须至少参与一项科技项目或竞赛；由竞赛内容引导教学改革，推动课程体系和内涵建设；构建阶梯状竞赛训练和选拔机制，扩大学生受益面，提高学生能力和水平。

(3) 培养学生首先培养教师，将教师的工程能力和素质作为培养体系的重要部分，要求教师加入科研团队，出国学习或到企业挂职，形成了多种方式提高教师工程能力的机制。

四、成果的效果和推广

1. 课程建设和竞赛培训普及全校

成果实施中，"复变函数"、"电磁场与电磁波"等课程，在学校多个专业中均有开设；学院主要负责的大学生电子设计竞赛，培训和辅导遍及学校不同专业学生。开设"工程设计"等课程，选课人数累计超过 1000 人次。

2．教材出版和网络课程建设辐射效果显著

《简明微波》、《电磁场与电磁波》等教材，已经作为标准教材为多所高校所采用，工程系列《概率论札记》、《复变函数札记》等引起了社会和专家的关注，《复变函数札记》已经被定为学校课程教材。

通过网络课程建设，促使优秀教学资源的进一步推广和利用。2014 年新增国家级精品视频共享课 1 门，省级精品资源共享课 3 门。在"西电学堂"网站上，学院教师最高点击数已经超过 1 万次。

3．学生竞赛成绩突出，教师能力提升显著

大学生各项竞赛成绩突出，通过课程建设和竞赛培训，扩大了学生受益面，增加了竞赛培训学生的人数。在各种竞赛中，学院学生获得的成绩和荣誉突出，其中 2014 年，"嵌入式"邀请赛获得最高奖"Intel 杯"；2015 年，全国电子大学生电子设计竞赛中，学院获得国家一等奖 4 项，二等奖 2 项，帮助学校取得一等奖 10 项的历史性突破，国家一等奖、二等奖获奖数位列全国高校第一。

学校青年教师讲课竞赛成绩优秀。2014 年青年教师讲课竞赛实验类和课程类连续获得一等奖，获奖教师直接晋级副教授，为学校历年来首次。2015 年陕西省首届教师电子设计竞赛，我院参赛队获得省第一名，并获得全校唯一的一等奖。

项目成果正不断总结、提升和深化，并以多种方式进行研讨和推广，希望在推广中再提高，在提高下再推广。

注：本成果基于教育部"电子信息与通信虚拟仿真实验教学中心"和"电子信息工程国家级专业综合改革试点项目"两个资助项目。

（执笔人：苏涛）

★ 2015年陕西省高等教育教学成果奖二等奖
★ 2014年校级教学成果奖特等奖

机电工程类专业综合实践教学体系的改革与实践

项目完成人：李团结　仇原鹰　孔宪光　赵　克　贾建援
项目完成单位：机电工程学院

成果简介：在突出电子信息行业特色、宽口径、精术业、通工程、注重创新精神和工程实践能力的创新人才培养理念引导下，贯通专业理论与实践教学、校内与校外实践教学，构建了以理论教学为主体、实验教学和工程训练为两翼的创新人才综合实践教学体系；建立了校内基础性工程训练和综合性工程训练、校外先进水平的大工业生产实践训练的综合实践教学模式；以质量提升计划和专业综合改革带动了师资队伍、教材、课程、实验条件等高素质创新人才培养环境的持续提升；探索出了项目驱动、以生为本、推动学生个性化自由发展的高素质创新人才实践能力培养的有效方法。

关键词：机电工程；综合实践；教学体系；教育教学改革

　　本成果结合国家级实验示范中心建设项目"综合性工程训练中心"、国家级特色专业建设项目"机械设计制造及其自动化"、陕西省专业综合改革试点项目"机械设计制造及其自动化"、陕西省高等教育教学改革项目"基于产学研合作的工业虚拟实验室建立模式和方法研究"等，在突出电子信息类行业特色、宽口径、精术业、通工程、注重创新精神和工程实践能力的创新人才培养理念引导下，贯通专业理论与实践教学、校内与校外实践教学，构建了以理论教学为主体，实验教学和工程训练为两翼的创新人才综合实践教学体系，建立了校内基础性工程训练和综合性工程训练、校外先进水平的大工业生产实践训练的综合实践教学模式，以质量提升计划和专业综合改革带动了师资队伍、教材、课程、实验条件等高素质创新人才培养环境的持续提升；探索出了项目驱动、以生为本、推动学生个性化自由发展的高素质创新人才实践培养的有效方法。

一、树立先进的实践教学理念

西安电子科技大学机电工程类专业可追溯到 20 世纪 60 年代创立的电子机械专业，是我国最早以机为主、机电结合的交叉与边缘学科专业。在专业实验室方面最早建立了"电子设备结构工艺实验室"，为我国早期电子信息类工程技术人才的培养发挥了重要的作用。该专业旨在培养满足创新型国家发展需要、基础知识厚实、工程实践能力强、有组织能力和国际视野的机电领域创新型人才，能从事机电领域中的设计制造、科学研究、应用开发、运行管理和经营销售等方面能力的机电一体化复合型高级人才。通过近几年的建设，进一步优化完善了人才培养方案，通过教学团队、特色教材、精品资源共享课程、微课、人才培养模式创新实验区等环节的综合改革，突出优势、强化特色，加快专业的国际化进程，促进人才培养水平的整体提升，教育观念先进，特色更加鲜明，并且可与国际接轨。

打好理论基础是必需的，但应用好理论知识的能力不是与生俱来的，是通过实践训练锻炼出来的。实践教学的最终目的在于培养学生的综合性工程实践能力和工程创新精神。以学生为主体，以教师为主导，将扎实的理论知识传授、综合性知识的工程设计运用、实现设计构思的工程实践能力培养、提高团队协作的个人素质等教育教学环节融为一个有机的整体，按照有利于学生全面、持续、协调发展来进行实践教学内容与课程体系改革。

当前国家正面临从制造大国向制造强国转型的关键时期，对高素质机电工程类人才有着迫切需求，如何培养机电工程类高素质创新人才成为众多高校面临的重要课题。近年来，机电工程学院不断开展实践性教学尝试，在学生学好理论知识的前提下，将基础工程训练与综合工程训练的教学实践相结合，积极拓展校外实践教学基地，鼓励学生参加学科竞赛，开展科研训练，逐步建立起了一套项目驱动、以生为本、推动学生个性化自由发展的高素质创新人才实践培养的有效方法。

实践教学是本科教学体系的重要组成部分。近年来，学院坚持"体系改革，走实践教学之路"，实践教学遵循以下基本原则：一是坚持基础、专业基础理论及实验内容教学的课程设置和考核体系，为实践创新能力提高奠定坚实的理论基础；二是改革传统专业课及实验、课程设计、毕业设计的课程设置和考核体系，注重培养学生的实践动手和创新能力；三是因材施教，分类培养，针对不同的对象选择不同难度和方向的综合性实践训练内容，注重学生个性培养和特长发挥。通过积极探索，机电院创新人才综合实践教学体系已逐渐发展建立起来，并向着"以生为本、以学为要、厚基强实"的教育本质回归。

二、构建校内基础性工程训练和综合性工程训练有机结合的实践教学体系

学院一直实施"教学实践，探工程训练之途"。 机电类实践教学的一个重要内容就是工程训练，学院以省级"专业综合改革试点项目"建设为契机，构建了"一个主体，两个支撑翼"的塔式综合性工程训练实践教学课程体系，即以理论教学为主体，实验教学和工程训练为两翼的实践教学体系。

在构建校内实践教学体系时，根据社会需求，从培养多类型、

多规格的人才培养思想出发，从有利于培养学生的创新意识、工程意识、工程实践能力、社会实践能力出发，对新实验开发、科研训练计划、大学生创新性实验计划、科技竞赛和课外科技活动、校外工程训练等实践性教学环节进行整体的、系统的优化设计，明确综合性实践教学环节在总体培养目标中的作用。把基础知识和专业技知识与实践教学有机融合在一起，通过教学、实践各个环节的共同作用，注重创新意识、创新能力的培养，并贯穿于人才培养的全过程，坚持产、学、研相结合的方向，逐步形成完善的、能够体现基础性、系统性、实践性和现代性教学内容的综合性实践教学体系。

校内的实践教学体系包括基础性和综合性两部分。

(1) 基础性工程训练：以电子线路板及简单电子产品的制作与装联工艺、机械零件及简单机电产品的加工装配制造工艺为知识点，锻炼学生的动手能力和设备使用操作能力，了解生产制造设备的功能和性能，使学生体会到纸面及计算机屏幕显示的设计构思如何转化为现实，这个训练过程可以使学生建立"可制造性"的观念。

(2) 综合性工程训练：具有训练过程的完整性、知识综合运用的主动性、理论设计与工程实现的可比较性。这些特点决定了将典型电子信息类和机电结合工程类的项目及产品作为工程训练对象的必要性。过程的完整性包括工程对象的需求及概念形成、设计与仿真分析、工艺与生产制造、检测及调试等阶段，选择 2～3 年周期内可完成的典型工程对象至关重要；主动性强调"以学生为主体"，学生根据解决问题的需求，在已学过的不同课程中自己寻找、综合出诸多知识点，鼓励学生自学新知识，引导学生相互讨论、争辩和进行团队协作，进而有科学依据地提出解决问题的办法；可比较性在于使学生对工程问题的认识和理解得到升华，注重比较设计构思与实物结果的异同，体会理论的理想化与实际工程问题的非理想因素的差异，引导学生明确"盲目实践"与"理性实践"的区别。

综合性实践教学涉及知识面宽、跨课程甚至跨专业，对教师水平要求更高。为此，学院对教师水平和师资队伍建设提出了更高的要求，教师不仅需要理论知识扎实宽广，还要通过科研项目、带学生去车间生产实习等机会，提高工程实践能力。学院进一步分析多知识点的综合性运用及其对工程训练的作用，下功夫构思、选择和确定典型工程对象，形成不同难度和方向的综合性实践训练内容。这是"回归工程"的实践教学体系建设的重点，是"以教师为主导"的集中体现。

在校内实践教学体系中注重以下几点：

(1) 锻炼学生运用知识的综合性能力。以培养学生多知识点的综合性运用能力为目标，遴选典型工程训练项目215项，80%为自主开发制作的机电信息类项目，作为综合性工程训练对象。注重培养学生专业领域知识的获取能力、多知识点的综合运用能力、工程实践的工作能力和工程创新精神。

(2) 整合实验实践资源。根据办学特色和学科专业特点，统筹相关实验资源，鼓励学科专业交叉，建立有利于复合型、创新型人才培养的实验体系，构建功能集约、资源优化、开放充分、运作高效的专业类或跨专业类的实验教学平台，为学生自主学习、自主实验和创新活动创造条件。

(3) 科教融合、协同育人。打通教学科研实验室壁垒，统筹教学科研实验室资源，促进科研支持并回馈实验实践教学、服务人才培养，把科研成果转化为实验教学内容，将科研方法融入实验教学活动，提升学生科学研究和科技创新的能力。注重对学生工程意识的培养，使学生在参与项目实践中理解产品设计时，在满足性能指标的前提下还需要追求最佳成本，以使各生产要素能够有机结合，使产品质量和生产成本有机结合，从而提高产品的竞争力。

三、构建优势互补的校外实践教学基地与体系

校企产学研合作教育的模式扎实推进，为学生架构与生产实

践、社会需求接轨的桥梁，即"建立基地，成学生创新之势"。为了弥补校内实践环节缺少企业大生产环境和与生产实际联系较少等不足，一方面与飞思卡尔半导体、德州仪器、西门子、普源精电等企业建立了高校计划企业联盟，采用"小量赠送，中量借用，大量采购"等形式为学生提供最新的仪器设备和软件，聘请公司技术骨干为学生进行技术指导，讲解最新的技术发展趋势；另一方面，大力推进与先进的国际知名企业的产学研合作，先后建立了"西电—中兴通讯"、"西电—上海日月光半导体"、"西电—奇瑞万达贵州客车有限公司"、"西电—德赛"等多家校外实践基地，学院 6 个工科专业均已建成一个以上的规范、稳定且有质量保障的校企联合实习基地。明确了校企合作内容，制定了完整的实习教学大纲，确保所有学生都能在基地顺利完成生产实习任务。在企业建立实习基地，使学生到校外开阔视野。校企合作研究可以使企业靠研究成果获益；学生到企业实习过程中可以接触到各种先进的设备和先进的生产管理理念，极大地增长见识；学生对行业的国际先进水平和国内生产中需要迫切解决的问题有更好的认识，从而激发学生的使命感、责任感，树立从事科研的理想。

即使在资金紧张的情况下，学院依然坚持让学生到企业实习，这一传统已延续 50 余载。综合实践教学体系的实施，让学生更加注重"知行合一、学以致用"，具有更强专业领域知识的获取能力、多知识点的综合运用能力、工程实践的工作能力和工程创新能力。

同时，通过校企联合撰写教材、设立联合实验室、设立校外实习基地、开展合作研究等途径，有效地使学生将理论知识与生产实践相结合，充分提高了学生解决实际问题的能力，为学生广泛接触社会，积累工作经验，毕业后顺利就业打下了坚实的基础。

四、分层次、递阶式培养学生实践创新能力

在综合性实践体系实施过程中，根据各年级学生的不同情况，

分阶段开展有针对性的工程意识教育和工程能力培养工作，这由以下主要内容组成。

1. 专业意识教育提前进行，明确专业人才培养要求

在新生入校的第一天，通过举办"机电工程学院大学生科技实践作品展"，向新生和家长展示本科生在教学改革、科技竞赛和科技实践活动中制作完成的百余件科技作品，在展示现场向新生和家长介绍专业性质与应用领域，帮助学生了解本科学习阶段对专业知识水平和实践动手能力的要求，并通过专业教育使新生明确今后的学习目标和实践能力培养的努力方向。

2. 加强工程意识教育，进行科技实践基本能力的培养与训练

在第二学年组织学生开展工程意识的提高工作，通过组织相关的工程意识教育讲座帮助学生认识到学科基础课和专业课对科学研究与工程实践的重要性，强调掌握良好的理论基础和实践能力对今后创新型人才培养的重要作用，通过对科技实践作品分析及制作过程详细的讲解，让学生能够零距离接触科技实践作品，进一步调动学生对科技实践基本能力训练的积极性，为系统开展科技实践基本能力训练打下良好的基础。同时，通过组织 80C52 单片机实验板制作、MSP430F425 实验小系统培训与实践、系列化智能小车和模块化机器人功能开发等一系列的学习、培训和制作活动，帮助学生跨过实践入门的门槛。

3. 通过组织科技实践活动，提高学生的创新能力

大三和大四年级是本科教育阶段的关键时期，也是学生专业素质和工程能力培养的重要阶段。学院一直坚持"竞赛牵引，收实践教学之果"。从 2007 年起，分别组织了"RIGOL 杯大学生科技作品竞赛"、"博威杯大学生数字与模拟电路设计(制作)科技竞赛"、"MSP430 单片机创新设计大赛"、"网络化仪器设计专项科技实践活动"、"基于无线传感网络技术的专项科技活动"、"虚拟仪器设计

与制作"、"测量控制与仪器仪表设计与制作"、"机器人制作"、"寻迹小车制作"等一系列科技实践活动，共精心设计和提出了215个项目，组织了268个项目组，参加学生976人次，大部分学生在科技实践活动中得到了很好的锻炼，思想素质明显提高，创新能力普遍提高，学生的自信心显著增强，为今后的考研和就业打下了良好的基础。

4．组织参加各种科技竞赛，进一步强化创新能力的培养

为了通过参加各种国家级和省部级科技竞赛，达到对创新型人才强化培养的效果，相继组织优秀学生参加了"全国大学生电子设计竞赛"、"全国大学生'挑战杯'课外学术科技作品竞赛"、"全国大学生电子设计竞赛——嵌入式系统专题竞赛"、"全国大学生机械设计创新大赛"、"全国大学生工程训练能力竞赛"等国家级竞赛，以及"全国大学生'飞思卡尔'智能小车竞赛"、"全国虚拟仪器设计大赛"、"TI杯全国大学生C2000及MCU创新设计大赛"、"利尔达杯全国物联网应用设计大赛"、"周立功杯全国大学生电脑鼠走迷宫大赛"等省部级科技竞赛，共获得国家级奖29项(其中一等奖14项、二等奖11项、三等奖3项、优秀征题奖1项)，省级奖35项(其中特等奖1项、一等奖17项、二等奖8项、三等奖9项)。

通过竞赛牵引，有效地培养了学生的创新能力。例如，在2011年第二届全国大学生工程训练综合能力竞赛中，由我校刘鑫、吴红星、钟强三位同学组成的代表队以省级比赛特等奖的优异成绩入选此次全国决赛，并荣获全国一等奖。本次大赛以"无碳小车"为命题，由各参赛队自主设计一个以5焦耳重力势能为唯一能量的、具有避障功能的三轮小车，最终按避障数目和行驶距离决定比赛成绩。竞赛过程包含了方案论证、结构设计、现场加工、组装调试、质量检验、成本分析、公开答辩等环节，综合考查学生理论、实验、设计、工艺、成本、管理、检测、操作和表达等多方面的分析解决实际问题的能力和"大工程"理念下的综合素质。

五、综合性实践教学效果显著

1．教材和课程影响广泛

在机电工程类专业方面，编写、翻译和出版了 32 本教材与讲义，其中有 2 本入选"十二五"国家级规划教材，许多教材都反映了最新技术发展。典型的包括：高等院校机电类工程教育系列规划教材《机器人技术》(电子工业出版社，校第十二届优秀教材二等奖)；21 世纪高等学校电子信息类规划教材《现代电子装联工艺基础》(西安电子科技大学出版社)；"十二五"普通高等教育本科国家级规划教材《电子封装、微机电与微系统》(西安电子科技大学出版社)；"十二五"普通高等教育本科国家级规划教材《自动控制原理(第二版)》(西安电子科技大学出版社)。

在课程建设方面，"电子装备热控制技术、自动测试技术、机械原理、自动控制原理、工程制图与计算机绘图、材料力学"等成为校首届建设的在线开放课程，"材料力学、工程制图与计算机绘图、机械原理、自动测试技术"成为省级精品资源共享课。

2．自制实验设备推广多所高校

自 2009 年以来，赵健老师自制的"MSP430 单片机实验系统"已推广应用到 49 所高校，累计制作 229 套，在本科生的实践能力培养中起到了重要的辐射作用。

3．举办国家级和省内实验实践教学培训班，扩大影响力

2007 年 11 月 3 日至 7 日承办了教育部委托的"全国高等学校电子类、工程训练类实验教学骨干教师培训班"，参加本次研修班的教师共有 156 人，来自全国 43 所高校。

2008 年 11 月 2 日至 4 日承办了教育部工程材料及机械制造基础(金工)课指组扩大会议暨工程训练中心内涵建设与可持续发展战略研讨会，参会企业 21 家，参加教师 215 人，来自全国 107 所高校。

经过近几年的研究与实践，我们在综合性实践教学体系建设方面取得了一定成果。综合性实践教学体系的建立与实施，改变了学生的知识结构，培养了学生的工程创新意识，提高了学生的工程综合设计和工程实践能力。暑期培训班、书包里的实验室等自行开发的实验设备、导师制及班主任制等高效的管理措施和校内校外实践的综合联合，构成了良好的实践训练环境，使得机电工程类专业学生的实践动手能力和知识综合运用能力大大提高，近50%多的大学生参加了扎实的综合性科研实践。创新实践教学模式培养了一大批优秀学生，同时还造就了相当数量的拔尖学生，这些学生多次在国家和省部级科技竞赛中获奖。由于我院学生在 2011 年学科竞赛中表现出色，主管教学的陈平副校长在我校大学生学科竞赛及课外科技实践创新活动总结表彰大会讲话中称之为"机电院现象"。

六、结束语

西安电子科技大学已经成为国内外享有盛誉的机电工程类科学研究与人才培养的重要基地，在高素质人才培养的实践教学体系建设上取得了显著的成果。然而随着科学技术日新月异的发展，也给学科和专业建设及人才培养带来了许多新的挑战。我们应当认真研究科学和技术的发展趋势，思考学科和专业及人才培养的未来方向，正确地制订创新人才培养方案，以科学的方式和方法将学生引向未来成才之路。

注：本成果基于教育部特色专业建设项目"机械设计制造及其自动化"、陕西省专业综合改革试点项目"机械设计制造及其自动化"和陕西省高等教育教学改革项目"基于产学研合作的工业虚拟实验室建立模式和方法研究"三个资助项目。

（执笔人：李团结）

虚实融合、深度参与的信息安全专业实践教学模式探索

项目完成人：刘乃安　朱　辉　韦　娟　李　晖　张卫东
项目完成单位：通信与信息工程实验教学示范中心

　　成果简介：本成果以培养高素质的信息安全专业人才为目标，秉承"科学规划、资源共享、突出重点、核心自主、持续发展"的原则，坚持"学生为本、立足能力、科研助长、鼓励创新"的实践教学理念，通过构建信息安全虚拟实验平台，建立虚实融合的实践教学体系，制定了学校、用人单位及合作企业深度参与的三位一体培养模式，逐步形成了实践教学与技能培训结合、夯实基础与个性发展并举的教学特色。

　　关键词：虚实融合；实践教学；培养模式

一、主要解决的教学问题

　　当今世界，信息技术革命日新月异，对国际政治、经济、文化、社会、军事等领域发展产生了深刻影响，网络安全与信息安全问题成为关乎国家安全的头等大事。我国对高素质信息安全人才的需求在逐年增长，我校信息安全及相关专业的学生人数激增，使得传统单一依靠真实设备的方式难以支撑大量信息安全及相关专业学生理论实践的顺利开展；网络与信息安全专业具有多学科交叉、要求

知识面广的特点，在学生的整个学习实践期间需要大量时间进行学习与训练；开展信息安全实验，尤其是网络攻防实验，所需要设备的规模性和实验结果的破坏性对信息安全实验教学开展使用的设备、场地方面有着较高的要求。为了解决信息安全及相关专业人才培养与实践教学所面临的上述问题，本成果依托学科和专业优势，采用虚实融合的实践教学方式，涵盖专业基础层、专业层、跨专业层的实验与实践教学内容，设计了信息安全专业实践教学体系。

本成果紧密结合国家迈向网络强国的目标进行信息安全专业建设和人才培养，结合虚实融合的教学方式形成了特色鲜明的高素质信息安全人才培养基地。信息安全专业本科阶段的培养定位于培养信息安全领域高层次、应用型工程师，使其能够胜任信息安全行业的安全运行维护、安全管理、产品设计开发、系统安全测试评估等工作。同时，使学生具备良好的继续培养的理论基础，为通过研究生阶段的培养发展，成为创新型的设计开发工程师打好基础。

二、解决教学问题的方法

1. 确定夯实的层次化人才培养模式

考虑到旧的实验模式只有基础层实验，学生知识面窄、能力培养机制差的弊端，设计了层次化的人才培养模式，构筑了如图1所示的多层次立体结构的信息安全实验实践教学体系。该体系分为四个层次，循序渐进，由浅入深，可根据学生本身情况实行因材施教，个性培养。第一层帮助学生加深理解理论课程的知识点，通过基础课程实验培养学生严谨的科学作风和基本技能；第二层通过综合性、设计型开放实验锻炼培养学生综合应用所学知识的能力；第三层通过国家创新性实验计划、学科竞赛、自选课题等方式以学生为主体，对学生发现问题、解决问题的能力进行全面强化；第四层通过科研训练、毕业设计、企业项目等方式使学生面向社会需求与真实环境，通过各类学科竞赛、大学生科研训练计划项目、企业联合项目等方式培养学生的创新研究能力，实现学生能力的培养与业界需求同步发展的目标。以上四个层次的实践教学有利于学生大面积成才，同时实现优秀生、拔尖生的分层次培养。

图 1 信息安全专业实践教学体系

2. 构建虚实融合的实验教学方法

针对信息安全专业传统实物实验教学方法存在的问题，创新性地提出虚实融合的实验教学方法，如图 2 所示。在开设传统实物信息安全实验的同时，采用多虚拟机和 Web 在线访问的方式开展信息安全专业基础实验教学，通过在线实验系统 24 小时不间断的虚拟在线实验服务，有力地支撑和拓展了传统信息安全实践教学模式。

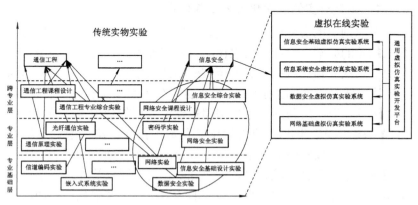

图 2 虚实融合的实验教学方法

新的信息安全虚拟仿真实验贯穿了所支撑课程的整个理论课程教学周期，如图3所示。学生可以随时随地通过虚拟仿真实验系统在线进行信息安全相关实验，并可以对理论课程所包含的实物实验进行预习与准备工作。

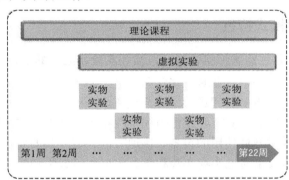

图3　虚拟仿真实验周期图

3．科研成果、人才需求和优势技术结合的实验平台开发

通过结合学校科研成果、用人单位的人才需求与合作企业的优势技术相结合的方式对各类实验平台进行设计，充分发挥学科优势，构建先进的信息安全专业实验平台系统，如图4所示。

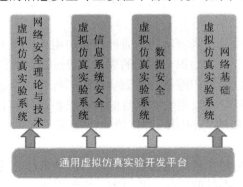

图4　实验教学资源平台系统关系架构

该系统具体包括：一个平台，即通用虚拟仿真实验开发平台——"西电云"；四大虚拟仿真实验系统，即"网络安全理论与技术虚拟仿真实验系统"、"信息系统安全虚拟仿真实验系统"、"数据安全虚拟仿真实验系统"和"网络基础虚拟仿真实验系统"。

三、教学模式特色

1. 全程在线虚拟实验与阶段实物实验相融合的实验教学模式

由于信息安全专业具有多学科交叉、要求知识面广的特点，使得其实验需要更多时间进行学习与训练。开展信息安全实验，尤其是网络攻防实验，所需要设备的规模性和实验结果的破坏性对信息安全实验教学开展使用的设备、场地方面有着较高的要求。针对以上问题，本成果通过实物实验教学、虚拟实验教学和理论教学相融合的方式，对信息安全专业学生进行综合能力的培养。这样既节省资金，又可突破传统实验室在硬件设备、场地上的限制，缓解实验投入经费不足与实验人数过多的矛盾，突破时空的局限，优化教学资源，提高学生的学习兴趣和效率，实现大量学生在校园内随时随地进行信息安全实验操作的目的。

2. 学校，合作企业与用人单位深度参与的三位一体人才培养模式

实验教学与业界紧密协同，通过加强与用人单位的交流，了解业界对信息安全人才知识与能力的需求，通过综合性的信息安全实践实训来将零散的知识综合应用到实际的训练当中，达到真正的发散性、创新性及学以致用的实训目的。实现和业界的有效对接，锻炼了学生的创新能力和团队协作能力，提高了学生对企业的适应能力。

实验教学与科学成果紧密协同，将科研项目转化为技术先进的实验平台系统，提供前沿的实验内容，实现资源的有效共享及科研

与学生创新能力培养的有机协同，帮助学生快速掌握信息安全基本原理、体系模型、安全技术、方案方法、安全工具和应用实践。

实验教学与优势企业紧密协同，针对信息安全部分实验内容更新快的特点，通过与行业内优势企业合作开发等方式，不断拓展信息安全实验平台和实验内容。此外，通过联合开设企业课程，由企业有经验的教师负责技术指导。

四、推广应用

目前已开设的四大虚拟仿真实验系统共拥有 42 个实验项目，其中信息安全基础虚拟仿真实验系统包括 7 个实验项目，信息系统安全虚拟仿真实验系统包括 14 个实验项目，数据安全虚拟仿真实验系统包括 11 个实验项目，网络基础虚拟仿真实验系统包括 10 个实验项目。如图 5 所示，学生通过互联网对实验资源平台进行访问和操作。

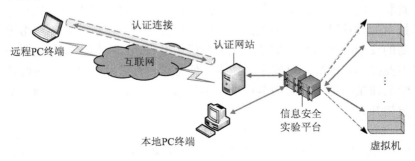

图 5　学生访问方式

本成果极大地提升了学生在网络与信息安全技术方面的能力。在此基础上，涌现出一批优秀的学生能够熟练地运用信息安全专业技术与方法，在信息安全类竞赛中成绩优异，名列前茅。实践教师指导学生参与全国大学生电子设计竞赛信息安全技术专题邀请赛、微软创新杯大赛和"挑战杯"全国大学生课外科技作品竞赛等学科竞赛并获得省级以上奖励 21 项。

通过对本成果的推广应用，我们已经培养了众多优秀的人才，他们多次在全国信息安全竞赛赛中获得佳绩，许多毕业生已成为国家安全部门和奇虎 360、阿里巴巴、腾讯等企业的中坚力量。

所探究的教学模式调动了学生的学习主动性，学生的动手能力、实践能力、创新精神不断得到提高，实现了理论教学和实践教学、实物实验与虚拟实验的有机融合，为我校学生在全国大学生信息安全竞赛等活动中取得好成绩提供了可靠的保障；同时，有助于各高校之间以及学校与安全部门间开展学术交流，提高了实验教学资源的利用率。

根据本成果制定的课程体系，学生能够系统地学习网络信息安全技术领域的主要问题、建立信息安全领域相关技术的整体视图，掌握信息安全基本原理、体系模型、安全技术、方案方法、安全工具和应用实践，进而提高学生的信息安全体系设计能力和安全防护技术的设计开发与应用能力，使学生具备实施、维护或构建应用所需的安全防护体系和安全系统的技能，最终加强在信息安全方面的专业修养，了解信息安全新技术、新方向，有效地提高专业实践教学的质量，使学生的创新意识、团队精神、综合开发能力得到了明显提升。

注：本成果基于学校"网络与信息安全虚拟仿真实验中心"、"信息安全综合实验资源管理平台"和"面向在线实验室的虚拟机管理平台开发"三个资助项目。

(执笔人：韦　娟)

电子信息工程专业实验课程体系建设

项目完成人： 史林　李林　李隐峰　张建龙　臧博　刘靳　包敏

项目完成单位： 电子工程学院

成果简介： 1999 年，根据教育部专业调整计划，我校对电子工程、信息处理、电磁场工程等专业进行整合，成立了电子信息工程专业。进过十多年的建设，电子信息工程专业 2002 年获首批陕西省名牌专业，2007 年获首批国家第一类特色专业，具有鲜明的国防和工程特色。但多年来，电子信息工程专业只有电子线路、脉冲数字电路、微机原理等一些学科基础实验，一直没有专业实验室，缺少完整的实验课程体系。从 2005 年开始，我们着手建设电子信息工程专业实验室和实验课程体系，经过十多年的建设，目前已建立了电子信息工程专业实验室，教改项目立项十余项，开发出了四款实验设备，开设了四门专业实验课程，建立了完善的实验课程体系，培养了一批工程实践教学师资队伍，建设了实验课程教材，保障了电子信息工程专业的教学计划的实施，提升了学生的工程实践能力和创新意识，培养了一批基础知识扎实、实践能力强、具有创新意识的本科人才。

关键词： 电子信息工程；专业实验；实验课程体系

一、主要建设内容和取得的成果

1. 实验课程体系构建

根据电子信息工程专业的培养目标和社会需求、工程教育专业认证的标准和要求，结合我校电子信息工程专业的发展沿革和专业特色，构建了电子信息工程专业实验课程体系。实验课程体系分为基础实验、学科基础实验、专业实验和专业综合提升实验四类实验课程(见图 1)，专业实验和专业综合提升实验类课程设计了四个层次(见图 2)。

(1) 基础掌握层：深刻理解基础知识、学科基础知识和专业基础知识的基本原理与方法，掌握实验仪器、设备的使用和基本的实验方法及技能，具有应用现代化工具进行分析、设计、实验和建模仿真的能力。

(2) 设计开发层：在老师的指导下，学生自己独立设计开发单元模块或系统，培养学生独立设计、应用当前先进技术的能力。单元模块的设计包括算法、FPGA 电路、嵌入式软件等，利用软件仿真与硬件实现相结合的方法，采用当前国外高端芯片与技术，完成信号处理单元和系统的设计与实现。例如"电子信息系统综合实验"的数字中频处理、雷达回波数字模拟合成、固定杂波抑制滤波器设计、恒虚警检测(CFAR)实验等，"数字音视频处理实验"的视频图像处理、语音合成、均衡实验等。

(3) 系统综合层：注重系统性、设计型、综合类的实践及高端仪器设备的使用。系统性是指包含电子信息工程专业的科学内涵所涉及的信息产生、传输、处理、分析、综合、控制等内容。设计型是指学生独立设计，包括算法、硬件与软件实现等。综合类是指包括天线、微波、高频、低频、模拟、数字、信号处理、数据处理、伺服控制，涉及学生学过的大多数主干专业基础课和专业课程等内容。例如"雷达系统实验"中学生使用频谱分析仪、微波信号合成器、功率计等高端的仪器设备，测量雷达设备的发射波形、功率，接收机带宽、动态范围、灵敏度、噪声系数等系统技术指标，设计雷达发射波形参数及其信号处理算法与实现，完成雷达系统整机联调，并进行雷达实际目标探测试验与性能评估。

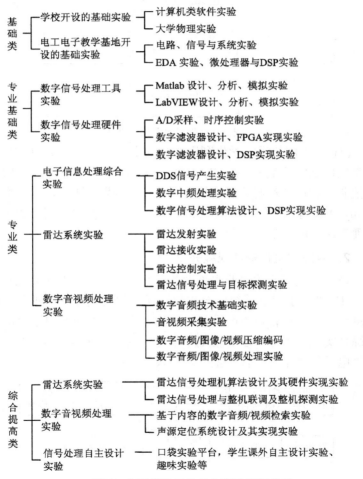

图 1　电子信息工业专业实验课程体系

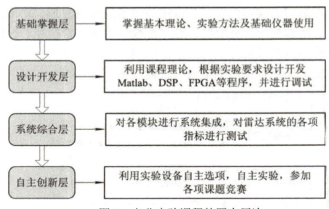

图2　专业实验课程的四个层次

（4）自主创新层：学生利用开放的实验室资源和美国 NI 公司的学生口袋实验室——my DAQ 平台等，从事科学研究、产品开发、科技制作和设计竞赛等活动的自主设计与开发。团队在国内率先将 NI my DAQ 教学平台硬件和 LabVIEW 相关软件引进到"数字信号处理"课程的教学与实验中。

2．专业实验设备和课程开发

设计开发了四款专业实验设备，开设了四门专业实验课程。

（1）"电子信息系统综合实验"课程和实验设备：研发了电子信息综合实验设备，生产设备 40 套，已连续 10 年开设了"电子信息综合实验"课程。图3 为电子信息系统综合实验设备组成，表1 为"电子信息系统综合实验"课程教学安排。

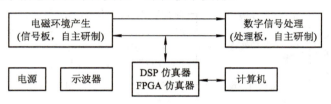

图3　电子信息系统综合实验设备组成

表 1　"电子信息系统综合实验"课程教学安排

课程内容 ＼ 教学环节	讲课	实验	习题课	讨论课	上机	参观或看录像	小计
DSP 与 FPGA 基础实验	2	8					10
直接数字信号(DDS)波形产生	2	8					10
数字相干检波器设计与实现	2	8					10
数字信号处理综合实验	2	10					12
雷达电磁环境仿真与信号处理	2	10					12
综合实验与考核	2	16					18

(2)　"雷达系统实验"课程和实验设备：设计了雷达系统实验平台，已连续 5 年开设了"雷达系统"课程。图 4 为雷达系统实验平台组成，表 2 为"雷达系统实验"课程教学安排。

图 4　雷达系统实验平台组成

表2 "雷达系统实验"课程教学安排

教学环节 / 教学时数 / 课程内容	讲课	实验	习题课	讨论课	上机	小计
雷达系统和实验平台介绍	4	4				8
雷达发射波形设计与发射机指标测试	2	8				10
雷达接收机的组成指标测试	2	8				10
雷达数据录取、显示与伺服控制	2	4				6
雷达信号处理算法设计与 DSP 实现	2	18				20
雷达固定目标与运动目标探测	0	6				6

(3) "数字音视频实验"课程和实验设备：设计了数字音视频实验平台，生产设备 30 套，并向部分卓越班学生进行开放，取得了较好的实验效果，深受广大学生好评。图5为数字音视频实验平台组成，表3为"数字音视频实验"课程教学安排。

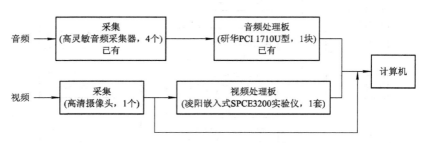

图5 数字音视频实验平台组成

表3 "数字音视频实验"课程教学安排

教学环节 教学时数 课程内容	讲课	实验	习题课	讨论课	上机	参观或看录像	小计
数字音视频基础实验	2	8					10
数字音视频采集实验	2	12					14
数字音视频压缩解压缩实验	2	12					14
数字音频综合实验	2	14					16
数字视频综合实验	2	10					12
综合实验与考核	2	16					18

(4) "数字信号处理实验"课程和实验设备:购置美国 NI 公司的学生口袋实验室——my DAQ 硬件和 LabVIEW 相关软件 30 套,设计开发了教师课堂演示实验和课件,开发了数字语音实验、滤波器设计实验和趣味实验等学生课外自主实验,并向卓越班学生进行开放。其中课堂演示实验课件、趣味实验等深受任课教师和学生好评。

3. 实验课程教材建设

编写了《电子信息系统综合实验教程》、《雷达系统实验指导书》、《数字音视频实验指导书》,并在网络上发布。

4. 师资队伍建设

电子信息工程专业现有专职教师 176 人,其总体状况如表 4 所示。专职教师中,博士 156 人,占教师总人数的 88.6%;硕士 13 人,占教师总人数的 7.4%。在职称方面,教授 56 人,占教师总人数的 31.8%;副教授及高工 82 人,占教师总人数的 46.6%;讲师 38 人,占教师总人数的 21.6%。其中 40 岁以下博士学位比例为 100%。从事专业基础和专业课教学的教师中 65.3%具有企业或相关工程实践经历(见表 5)。专职教师中中科院院士 1 人,国家级教学名师 2 人，"何梁何利基金科学与技术进步奖获得者" 1 人。"国家千人计划" 人才 3 人，长江学者讲座教授/特聘教授 5 人，国家杰出青年科学基金获得者 2 人，优秀青年科学基金获得者 2 人，国家有突出贡献专家 3 人，国家 "百千万人才工程" 入选者 2 人，教育部高等学校青年教师奖获得者 1 人，跨世纪优秀人才计划入选者 2 人，教育部新世纪优秀人才支持计划入选者 18 人，全国教学指导委员会委员 1 人，陕西省 "三五人才" 入选者 2 人。此外，电子信息工程专业企业或行业专家作为兼职教师 39 人，主要来自于中电集团研究所、兵器工业集团研究所等对口企业。

表4　专职师资队伍总体状况

分类	35 岁以下	36～45 岁	46～60 岁	60 岁以上	左边合计	博士	硕士	本类专业	相近专业	其他专业
正高	4	16	33	3	56	48	6	56	0	0
副高	41	32	9	0	82	76	3	82	0	0
中级	27	8	3	0	38	32	4	38	0	0
其他	0	0	0	0	0	0	0	0	0	0
合计	72	56	45	3	176	156	13	176	0	0

表5　专职师资队伍结构统计

年 龄 结 构				学 位 结 构			职 称 结 构			具有企业或相关工程实践经历教师比例	
35 岁以下/%	36～45 岁/%	46～60 岁/%	60 岁以上/%	博士/%	硕士/%	本科/%	正高/%	副高/%	中级/%	有/%	无/%
72	56	45	3	156	13	4	56	82	38	115	61
40.9	31.8	25.6	1.7	88.6	7.4	2.3	31.8	46.6	21.6	65.3	34.7

二、解决的教学问题

　　电子信息工程专业实验室和专业实验的建设结束了我校电子信息工程专业多年来没有专业实验室和专业实验的历史，目前电子信息工程专业实验室开设的专业实验课程主要有"电子信息系统综合实验"(综合型实验)、"雷达系统实验"(系统型实验)、"数字音视频信号处理实验"(专题型实验)、"数字信号处理实验"(自主型实验)，专业实验课程解决的教学问题如下：

　　(1)"电子信息系统综合实验"以雷达信号产生和信号处理为设计理念，强调实验系统的综合性。结合基本理论和工程实践，涉及"模拟电子技术基础"、"数字电路与逻辑设计"、"微机原理与系统设计"、"数字信号处理"、"随机信号分析"、"DSP实验"、"雷达原理"、"雷达系统"等课程的知识内容，将这些课程所学的知识通过实验和工程实践方式贯穿起来，提升了实践教学质量，加强了学生综合能力的培养。

　　本实验中包含了FPGA电路设计，DSP链路口、总线、USB等数据接口和数据传输与存储编程实验；根据现代雷达技术的发展，设计了线性调频、Barker码、伪随机码等多种雷达信号产生实验；根据电磁环境日趋复杂的特性，设计了高斯分布、瑞利分布、相关对数正态分布等随机噪声和杂波的仿真模拟实验；根据带通采样原理，设计低通滤波、贝塞尔插值、多相滤波等数字中频处理实验；根据雷达信号脉冲压缩和相参积累原理，设计了匹配滤波、信号积累、目标检测、恒虚警处理等现代雷达数字信号处理实验。

　　(2)"雷达系统实验"是一门系统型实验课程，具有非常强的专业及工程应用背景。以电子信息系统中的雷达系统为实例，进行系统级和设计型的实验，侧重培养学生的系统概念和解决复杂工程问题的能力。

　　本实验包括常规非相参雷达及全相参连续波雷达的整机系统

实验、雷达发射波形与发射机指标测试实验、雷达接收机的组成及指标测试实验、雷达信号处理算法设计与工程实现实验、雷达显示与伺服控制实验、雷达实际目标探测与性能评估实验等。学生自己设计雷达发射波形参数，现场采集雷达回波信号，设计信号处理算法，采用 FPGA 和 DSP 技术实现信号处理硬件和软件，设计数据处理方法和实现软件，控制雷达天线的扫描，与雷达系统的天馈微波分系统、信号处理分系统、显示控制分系统进行系统联调。

(3) "数字音视频处理实验"是一门感观性高，具有趣味性和学科前沿性的专题实验，处理信号形式为声音、图像和视频信息。与利用 Matlab 等软件进行计算机仿真实验不同，我们开发了基于 Linux 及 Android 嵌入式系统的数字音视频硬件实验平台，可开展的实验内容包括音视频采集实验、音视频压缩及解压缩实验、音视频传输实验、图像对比度增强实验、音视频信号处理实验、声源定位实验、音视频检索实验等，可使学生更好地掌握数字音视频信号的特征和处理算法的原理与方法，并触及音视频检索和声源定位等学科前沿，提升了学生对知识的融会贯通，增加了学生的科研兴趣。

(4) "数字信号处理实验"基于美国 NI 公司的 my DAQ 平台和 Labview 软件，开发了教师理论教学课堂上的可视化演示课件和学生课外自主实验平台，包括信号序列生成实验、信号时域分析实验、离散时间序列卷积实验、信号频域分析实验、采样定理验证实验、窗函数对频谱分析影响实验、数字滤波器实验、音频信号处理趣味实验等。将数字信号处理中复杂、抽象的理论和算法通过可视化处理过程与处理结果的现场演示，形象、直观地演示给学生。结合 NI 公司的 my DAQ 数据采集硬件设备，构建真实的硬件、软件相结合的完整系统，使学生可以在 Matlab 和 LabVIEW 软件仿真的基础上，快速实现对真实信号的实时处理。通过对真实信号采集、处理系统的感性认识，增强对数字信号处理基本概念、原理、复杂算法的理解。

NI my DAQ 教学平台硬件被誉为"口袋里的实验室"，能充分利用学生的课外时间，激发学生自主学习和科研创新的兴趣与意识，培养学生的信号处理软硬件设计和科研创新能力。

三、成果的创新点和先进性

电子信息工程专业实验课程体系建设从学生课程体系和知识结构出发，以提高学生综合素质为目标，引入先进的实验手段和仪器，其创新点主要包括以下几方面：

(1) 实验课程体系完善，内容丰富。

实验课程体系分为四类，即基础类、学科基础类、专业类和专业综合提升类，这四类实验课程囊括了电子信息工程专业的通识教育课程、学科基础教育课程、专业基础教育课程和专业教育课程的实验内容。

(2) 专业实验层次分明，实验设备技术先进。

专业实验分为基础掌握、设计开发、系统综合和自主创新四个层次，兼顾了深造研究型、设计就业型、创新创业型人才培养的需要。实验设备的设计和研发采用了目前国际先进的技术和发展潮流，实验内容先进，符合本专业领域的发展趋势。

(3) 科研成果转化为教学，教学反哺科研。

通过实验设备的研发和新实验开发，将教师的科研成果融入到教学实践中，实现教学相长。"电子信息系统综合实验"、"雷达系统实验"的实验设备和实验课程内容是教师长期从事雷达工程领域研究和工程实现的科研成果，"数字音视频处理实验"中软件也来自教师多年的研究成果。另一方面，教师通过实验平台对自己在科研中所提出的新算法和成果进行实验验证及评估。

(4) 专业实验课程内容新颖、知识面宽，综合性、自主性、设计性和系统性强。

雷达系统实验选用最新的伪随机编码连续波雷达进行目标探测实验，购置了频率高达 20 GHz 的信号源、频谱仪、功率计等高端测试仪器设备，可进行各项雷达指标测试实验。

"电子信息系统综合实验"综合了多门课程的知识，"雷达系统实验"强调系统的概念，"数字音视频实验"开展基于嵌入式 Linux、Android 开放平台下的应用软件实验，将信号处理知识、嵌入式系统、智能手机操作系统、移动互联网相结合。"数字信号处理实验"侧重学生自主学习和创新能力的培养。

四、取得的主要成果和完成的教改项目

经过十多年的建设，目前已建立了电子信息工程专业实验室，完成教改项目十余项，开发出了四款实验设备，开设了四门专业实验课程，建立了完善的实验课程体系，培养了一批工程实践教学师资队伍，建设了实验课程教材，保障了电子信息工程专业的教学计划的实施，提升了学生的工程实践能力和创新意识，培养了一批基础知识扎实、实践能力强、具有创新意识的本科人才。

表 6～表 8 分别为教学成果获奖情况、教学改革项目立项情况及学生参加课外竞赛情况。

表 6 教学成果获奖情况

项 目 名 称	奖励名称	奖励级别	时间
瞄准国际先进质量标准，引进国外优质教育资源，全面打造具有国际竞争力的电子信息工程名牌专业	陕西省教学成果奖	二等奖	2009 年
依托电子信息工程名牌专业，打造数字信号处理精品课程	陕西省教学成果奖	二等奖	2005 年

项 目 名 称	奖励名称	奖励级别	时间
电子信息综合实验设备	西安电子科技大学新研制实验设备	一等奖	2006 年
电子信息综合实验	西安电子科技大学新开发实验	三等奖	2006 年
以学科发展为龙头，以国家需求为牵引，建设高水平的教学科研基地	西安电子科技大学教学成果奖	一等奖	2011 年

表 7　教学改革项目立项情况

项 目 名 称	经费/万元	项目来源	立项时间
电子信息工程专业教学团队	20	陕西省	2014 年
电子信息工程实验室设备购置	312	教育部	2014 年
体感交互综合影像实验平台	1	西安电子科技大学	2014 年
UAV 视频处理实验	1	西安电子科技大学	2014 年
雷达系统新实验	1	西安电子科技大学	2013 年
数字视音频实验设备	1	西安电子科技大学	2013 年
数字信号处理实验	1	西安电子科技大学	2013 年
电子信息系统综合实验设备	36	西安电子科技大学	2012 年
雷达系统实验设备	75	西安电子科技大学	2011 年
音视频信息处理实验	1	西安电子科技大学	2011 年
电子信息工程国家特色专业建设	20	教育部	2007 年

表8 学生参加课外竞赛情况

获奖学生名单	竞 赛 名 称	获奖级别	获奖时间
吴冠岑、孙明丽、曹一聪	中国大学生计算机设计大赛	全国一等奖	2014 年
程进、夏明飞、李大伟、孙雅倩	中国大学生计算机设计大赛	全国一等奖	2014 年
蒋禹、程松、范倩莹	中国大学生计算机设计大赛	全国二等奖	2014 年
张聪、吴锐、廖栩锋	中国大学生计算机设计大赛	全国二等奖	2014 年
魏榕、席若尧、范星光	IEEEXtreme 编程大赛	全球第 58 名	2014 年
宋晓辉、冯达、刘言明	IEEEXtreme 编程大赛	全球第 64 名	2014 年
夏明飞、李大伟、程进、林森	全国大学生信息安全竞赛	全国二等奖	2014 年
范倩莹、魏榕、鲁一鸣、宋晓辉	全国大学生信息安全竞赛	全国三等奖	2014 年
李瑜、林森、李立庆	星火杯	校级一等奖	2014 年
柏晓强、吴锐、李娜	星火杯	校级二等奖	2014 年
刘言明、范星光、王润辉	中国大学生计算机设计大赛	全国一等奖	2013 年
范倩莹、张雪琦	中国大学生计算机设计大赛	全国二等奖	2013 年
董涛、陈颖、雷盼	华为创新杯	一等奖	2013 年
蔡志豪、王灏正、柏晓强	IEEEXtreme 编程大赛	全球第 169 名	2013 年

获奖学生名单	竞 赛 名 称	获奖级别	获奖时间
陈颖、洪进栋、魏榕	IEEEXtreme 编程大赛	全球第 176 名	2013 年
洪进栋等	美国数学模型竞赛	国际二等奖	2013 年
李豪、关钦、李宇飞	中国大学生计算机设计大赛	全国一等奖	2012 年
李豪、关钦、李宇飞	全国大学生信息安全竞赛	全国二等奖	2012 年
叶鑫林、王蓬金、陈晓伟、王小果	全国大学生信息安全竞赛	全国二等奖	2010 年
秦童、陆俊豪、王威、黄帅	全国大学生信息安全竞赛	全国三等奖	2010 年
闫蕾等	星火杯	特等奖	2010 年
徐鑫、齐鹏、吴挺智、黄正	全国大学生信息安全竞赛	全国三等奖	2009 年

注：本成果基于教育部"电子信息工程国家特色专业建设"项目和"电子信息工程实验室设备购置"修购基金项目、陕西省"电子信息工程专业教学团队"项目、西安电子科技大学"新实验(设备)开发"等多个资助项目。

(执笔人：史 林)

创建电子封装技术本科新专业，培养高端电子制造创新人才

项目完成人：田文超　贾建援　高宏伟　崔传贞

项目完成单位：机电工程学院

　　成果简介：(1) 依托国内唯一封装类国家级特色专业基础，参考国外先进封装技术研究，首次明确提出了电子封装技术本科专业内涵，归属机械学科，兼顾材料学和电子学，该意见发表于教育部主办的期刊《高校招生》上，并在国际、国内封装会议作了多次宣讲报告，得到教育部及国内外封装界认可；在此基础上由西安电子科技大学承办了第四届全国电子封装技术本科教学研讨会，统一了思想。

　　(2) 基于我国高端电子制造特点，通过多次修改完善，首次建立了机电类电子封装技术本科专业培养方案，探索出一条电子封装技术本科创新人才培养模式，并在国内其他院校得到推广。西安电子科技大学获得封装类唯一的国家级特色专业立项；已经培养三届 110 余人本科毕业生。

　　(3) 摸索出"教师指导，学生动手"的自己研制加工实验教学设备模式。根据国家复合型技术人才的重大需求以及现代科研发展需求，针对封装专用设备领域，自行研制出"多功能封装伺服驱动测试平台"、"多模式封装疲劳测试机"；改变传统"课程设计"简单的软件分析、仿真模式，采用"分组选题、问题剖析、设计仿真、加工测试"方法，增强了学生的实践动手能力；同全球最大封装测

试企业台湾日月光集团建立校外实习实训基地，实现"情境实习"实践教学培养模式。

(4) 成立全国电子封装技术教材编写委员会，编写出版了《电子封装、微机械与微系统》(该书入选"十二五"国家级规划教材)、《微机电技术》(该书入选"十二五"国家重点图书规划项目)、《MEMS 原理、分析与设计》、《现代电子装连工业基础》、《现代电子装联质量管理》等六部教材。另外《电子封装结构设计》、《电子封装专用设备》、《电子封装材料与工艺》和《电子设备可靠性工程》四本教材已经提交出版社，将于 2016 年出版。

(5) 通过引进和国外进修模式，初步建立一支电子封装技术本科专业青年专业教师队伍；借助我校"华山学者"人才计划，邀请美国加州理工大学潘建标教授先进封装教学理念，提高封装创新人才培养；引进英国纽卡斯尔大学薛向东教授为封装专业专职教授。派遣张大兴副教授和朱言午副教授分别参与加拿大阿尔伯特大学和美国俄亥俄州立大学教学工作，吸收国外先进教学模式，开展"微机原理"和"射频电路"双语课程。

关键词：封装内涵；培养模式；实践基地；高端教材；人才交流

一、成果主要内容概述

1. 研究背景

当今世界进入一个信息化时代，信息化程度的高低已成为衡量一个国家综合国力的重要标志。电子制造产业是发展电子信息产业和各项高新技术中不可缺少的基础，是我国实现由"中国制造"向"中国创造"转变的必经之路，而电子封装是高端电子制造的关键技术。

我国是全球最大的消费类电子产品的制造基地，从业人员数量达 880 万人，占我国全部工业从业人员数量的 9%。电子封装本科专业人才却非常欠缺，主要由机械、电子、微电子、材料、力学等各学科的毕业生转行而来，难以满足高速发展的电子制造产业对人才的要求。统计表明，我国对电子封装专业本科层次的人才需求超过 7 万人。

因此，培养电子封装专业人才成为最为迫切的任务，教育部于2008 年首次批准西安电子科技大学等四所院校设立电子封装技术本科专业，并于 2009 年开始面向全国招生。

然而，由于电子封装技术属于新兴、交叉学科，人才培养没有现成的模式可借鉴，存在如下突出教学问题：

(1) 电子封装问题来源于电子制造多个领域，对电子封装专业内涵认识不清，定义模糊，学科归属不明。

(2) 新学科、新专业，没有现成的本科培养体系可以借鉴。

(3) 实践教学、实习培训模式需要探索。

(4) 没有现成教材，缺乏专业教师。

2．主要解决的教学问题

(1) 明确电子封装内涵和专业定义，为电子封装培养提供方向和模式，同时明确封装学科归属于机械学科，为电子封装的硕士生、博士生等高层次培养奠定基础，为电子封装课程体系、实验平台、教师、教材等专业建设指明方向，奠定基础。

(2) 建立并完善电子封装技术本科培养体系，探索出一条电子封装技术本科创新人才培养模式，并推广复制到其他院校。

(3) 分别研制了"多功能封装伺服驱动测试平台"、"多模式封装疲劳测试机"，初步建立了多类型电子封装教学实验室；探索"教师指导，学生动手"，自己研制实验设备的教学模式，增加学生实际动手能力，丰富实验内容，补充实验设备。日月光"情境实习"实践教学模式，直接面对国际著名企业的先进封装技术，增强了学生的实际动手能力。

(4) 编写出版了专业教材6部，预计2016年再出版专业教材4部，为我校乃至全国电子封装技术本科教学提供上课依据。

(5) 通过引进和国外进修模式，开展双语教学，增加封装专业教师先进理念，打造陕西省精品资源共享课，提升学生的封装理念，初步建立一支封装专业教学队伍。

二、创新点

针对国内封装含义模糊、内涵不清、归属学科不定问题，我校首次提出了完整的电子封装专业内涵和定义，为专业建设和发展奠定了基础。

(1) 我校首次提出了完整的电子封装专业内涵和定义。

围绕培养什么人和怎么培养人两个核心问题，坚持以立德树人为根本任务，以国家级特色专业建设为牵引。自2007年、2009年、2011年、2013年分别由华中科技大学、哈尔滨工业大学威海分校、北京理工大学和西安电子科技大学主办了四届全国电子封装技术本科专业教学研讨会，讨论电子封装技术专业内涵；2011年、2012年、2013年、2014年分别由西安电子科技大学、桂林电子工程学院、大连理工大学和电子科技大学承办四届封装与高密度组装国际交流会，交流国际封装最新成果；先后走访中电2所、20所、29所、10所、58所、14所、28所、49所、38所、41所，航天771所、772所，以及清华、北大、哈工大、北理工、上海交大、伟创力、中兴、华为、三星西安基地、华天、日月光、深科技、创维等高校和企业，调研行业需求；邀请佐治亚理工大学、堪萨斯州立大学、迈阿密大学等高校知名教授作报告并交流。

在此基础上，2009年首次提出电子封装专业内涵是"封装+贴装+装联，是综合与交叉学科，以机械学为主，兼顾材料学和电子学，以机械加工与微纳制造为手段，以微小化、高频、高功率、高密度、集成化、大批量为特征，以高低温、高冲击振动、强磁、高盐雾腐蚀等恶劣环境为设计依据，以电子产品制造和可靠性为研究目标"；电子封装定义为"将集成电路设计和微电子制造的裸芯片组装为电子器件、电路模块和电子整机的制造过程，或将微元件再加工及组合构成满足工作环境的整机系统的制造技术"(注：该内涵和定义已经发表在教育部主办刊物《高校招生》2010年第6期)。电子封装归属于机械学科，同时兼顾材料学科和电子科学与技术学科。

（2）国内首次建立机电类电子封装技术本科创新人才培养模式。

根据封装内涵和定义，依托国家级特色专业要求，遵循"面向高端电子制造领域，以创新设计为核心，寻求校企合作，强化工程实践基础，突出学校特色，以电子封装中机电热磁及其相互耦合问题为主线，电子封装专用设备为目标"的原则，建立并先后6次修改，完善了西电特色的机电类电子封装专业知识模块和课程体系，并在相关院校得到推广。

主要思路：基于《国家中长期人才发展规划纲要(2010－2020年)》和《全面提高高等教育质量的若干意见》原则，依据"2个回归、2个转化、1个形成"思想，紧密围绕立德树人的根本任务，按照内涵式发展模式，解放思想，深化改革，创新电子封装技术人才培养模式，推进"电子封装技术本科专业质量提升计划"，依据"3266"本科人才培养理念，构建"厚基强实、创新奉献"的电子封装技术本科教学体系，实现向教育本质的回归，构建专业特色鲜明的电子封装技术的人才培养模式和本科教学质量保障体系。建立与电子封装技术专业理论课程体系相适应的实践教学体系，切实提高实践教学效果；建设电子封装技术专业的教师队伍和教材，为专业人才培养提供了师资和教材保障，同时服务于产业与兄弟院校。激发学习兴趣与动力，引导学生从"要我学"到"我要学"转变。

电子封装技术人才培养模式建立的主要方法和步骤如图1所示，其技术路线如图2所示。

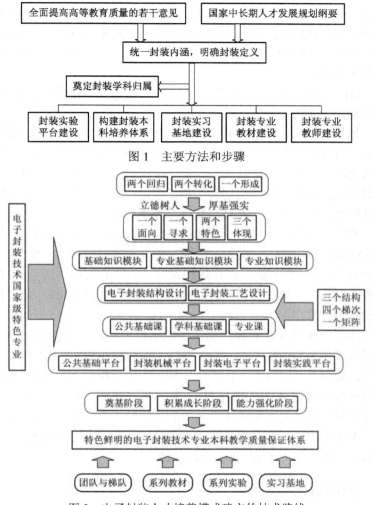

图 1　主要方法和步骤

图 2　电子封装人才培养模式建立的技术路线

针对高端电子制造行业特点，结合学校的电子信息特点，开设具有明显电子封装特色的课程，如电子封装结构设计(仅西电开设)、电子封装材料与工艺、电子封装设备(仅西电开设)、现代电子装联工艺学(仅西电开设)等课程，以使所培养的人才能自如地应用所学的专业基础知识和专业知识进行高端电子制造行业电子封装设计的技术工作。

(3) 依托学校新实验设备基金自行研制封装实验设备，联合著名企业建设实习基地。

依托学校实验室建设立项支持，基于"教师指导，学生完成"模式，自行研制出"多功能封装伺服驱动测试平台"和"多模式封装疲劳测试机"。2014年7月，尝试课程设计教学改革，将原先课程设计仅仅完成软件分析仿真的模式改革"分组讨论、问题剖析、设计仿真、加工测试"完整过程，增强学生的动手能力。

积极寻求企业合作，于2008年同中兴通讯建设了现代电子装联SMT联合实验室。2012年、2013年本专业的生产实习学生在台湾日月光(ASE)集团进行，并顺利完成了为期五周的"情境实习"实践教学模式。通过尝试，已经同日月光集团建立校企联合实习基地初步合作意向。

(4) 于2013年主办第四届全国电子封装本科教学研讨会，成立全国电子封装教材编写委员会，编写出版教材6部，入选"十二五"国家级规划教材1部，"十二五"国家重点图书1部；同时已经向出版社提交教材4部，预计2016年出版。借助我校"华山学者"人才计划，引进美国加州理工大学潘建标教授指导电子封装本科教学。引进英国纽卡斯尔大学薛向东教授为封装专业专职教授。开展"微机原理"和"射频电路"双语课程。

三、应用情况

1. 探索出机电类封装创新人才培养模式

我校的电子封装毕业生培养经验成为兄弟高校学习的范本，多次来我校调研考查学习；第二届和第三届全国电子封装技术专业教学研讨会分别在哈尔滨工业大学威海分校和北京理工大学举办，田文超教授受邀做了专业教育的主题发言，得到与会各校代表的一致认可。西安电子科技大学举办第四届全国电子封装技术专业教学研讨会，参会单位包括清华大学、上海交通大学、哈尔滨工业大学、华中科技大学、北京理工大学、大连理工大学、东南大学、华南理工大学、上海大学等 20 余所高校，田文超教授作了主题报告，全面阐述了电子封装内涵和定义，统一了封装界的思想。由西安电子科技大学牵头，成立电子封装技术本科专业教材编写委员会。清华大学、华中科技大学、哈尔滨工业大学、北京理工大学、中南大学、电子科技大学、桂林电子科技大学、江苏科技大学、桂林理工大学等高校以及 771 所、航天 5 院、中电 2 所、中兴、华为、日月光等著名企业和研究所来西电调研交流电子封装教学经验。西安电子科技大学的电子封装本科培养模式已经获得国内外著名专家的广泛认可，在同类高校得到推广。

2. 优质教材建设成果推广应用效果好

教材建设是教学的关键，本团队编写出版了大量高质量教材，受到了国内外相关高校的一致好评，畅销全国。其中一部获得国家"十二五"规划教材，一部获得"十二五"国家重点图书规划教材。《电子封装、微机电与微系统》、《微机电技术》、《MEMS 原理、分析与设计》等教材，被大连理工大学、华中科技大学、西安电子科技大学、中国石油大学、中北大学、江苏科技大学选作教材使用。其中《MEMS 原理、分析与设计》自 2009 年出版 3000 册，于 2011年 5 月即已售罄，第三章内容被翻译成英文，在德国出版。

3. 封装实践教学专用设备自行研制成果显著

针对电子封装工程性特点，借助学校新实验基金资助，自行研制出多台用于教学演示的封装设备，锻炼了师生的动手能力，并积极推广到相关高校。

(1) 自行研制出"多功能封装伺服驱动测试平台"和"多模式封装疲劳测试机"，为封装专业学生开设封装基础实验之封装可靠性测试部分。

(2) 建立西电—中兴现代电子装联 SMT 联合实验室。已经开设 SMT 全校公共课 7 届、电子封装综合实验 3 届及电子装联综合实验 6 届。学生通过独自组装收音机，并进行选件、焊接、调试，完成电子产品的完整制造过程。

4. 面向高端电子制造领域，培养出一批电子封装创新人才

迄今为止已培养了 3 届 110 余名电子封装技术专业方向的毕业生，其中：张婧昕同学在美国大学生数模竞赛中获得一等奖；陶冶博等 4 名同学在全国大学生电子设计竞赛中获奖；王兆丰等 5 名同学参加了全国大学生创新设计大赛；安志鹏等 3 名同学参加了陕西省"挑战杯"科技大赛；袁文达等 9 名学生参加了陕西省创新设计大赛；巩优同学参加了全国大学生数学建模竞赛；张景等 9 名同学参加了校"星火杯"科技大赛；2012 年本专业获得"2012 日月光高校实习生本科生组最佳创意思维奖"；2013 届专业毕业生周煜康于 2014 年获得第九届中国研究生电子设计竞赛二等奖、陕西省第一届研究生电子设计竞赛一等奖。

部分毕业生去向如下：朱明敏被美国哥伦比亚大学录取攻读硕士学位；史欧文被伊利诺伊大学芝加哥分校录取攻读硕士学位；王尔辛被慕尼黑工业大学录取攻读硕士学位；刘嘉楠被杜伊斯堡大学录取攻读硕士学位；李晖、王茜被上海交通大学录取攻读硕士学位；杨莹被中国科技大学录取攻读硕士学位；童真被复旦大学录取攻读硕士学位；宋瑞琦被北京航空航天大学录取攻读硕士学位；陆田田被西安交通大学录取攻读硕士学位；田更新被中科院微电子所录取攻读硕士学位；仝敬被中科院上海微系统所录取攻读博士学位；王栎皓被中科院半导体所录取攻读硕士学位；陈志强报送西电直接攻读博士学位；另有 27 名同学在西电攻读硕士学位，考研录取率高

达 40%。录取封装专业毕业生的著名企业和单位有三星、华为、中兴、美的、创维、TCL、腾讯、771 所、58 所、49 所、20 所、国家信息安全中心、台湾日月光集团等。从毕业生的去向可以看出，西安电子科技大学的电子封装学生素质得到了国内外著名高校、研究所和企业的认可，并得到了高度的评价，就业呈现供不应求的局面。

(执笔人：田文超)

电子科学与技术专业建设

项目完成人：曾晓东　刘继芳　冯喆君　马　琳　孙艳玲
　　　　　　曹长庆　来　志　鲁振中
项目完成单位：物理与光电工程学院

成果简介：近年来，随着科学技术的发展和社会需求的变化，我们的培养目标、培养方案以及整个课程体系都面临着新的挑战。原有的人才定位和课程体系在一定程度上与当前形势和需求发生矛盾，因此进一步深化改革、优化资源配置、提升本科教学质量势在必行。培养方案的修订、课程体系的制定、培养过程的实施必须积极响应科技发展和社会需求的上述特点。

本项目的宗旨是探索既能保证学生掌握必要的知识、具有活跃的创新能力，还要适应快速发展的社会需求，不断提高人才培养质量的有效途径。通过认真梳理本专业数十年人才培育的成功经验，深入思考近年来科技发展趋势以及社会需求的变化动向，主要围绕着解决人才培养机制、教材和精品课建设、教师素质及职业精神的提高三方面所面临的新问题。

项目取得的成果包括：

(1) 更新人才培养理念，在广泛调研和研讨的基础上，重新修订了电子科学与技术专业的人才培养方案，修订了 36 门课程的教学大纲；建设了我校电子科学与技术专业的"核心知识结构体系"，为全面落实因材施教、因需施教、分类培养奠定了基础。

(2) 精品课程和教材建设。我们专业特色的一个重要方面就是课程和教材建设，在保持已有优势的基础上，继续做好重点教材出版和精品课程建设。

(3) 建立大学生自主创新实验基地。在传统的实验教学模式下，存在着学生知识面较窄、综合设计能力较差等问题。为有效地解决这些问题，我们构筑了一种实验教学新体系。该体系分为四个层次，即基础实验层、专业设计层、综合应用开发层和科技活动层。整个体系呈塔式结构，四个层次均贯穿着研究型实验。

(4) 建立行之有效的进行过程管理机制。要办好一所大学、一个专业关键要看能否拥有一支高素质、高水平的教师队伍。因此，教师队伍建设将是专业建设各项工作的重中之重。开展多渠道、多形式的在岗学习和培训，实施有针对性的学习和培训项目，注重对新进教师教学科研能力的培养，不断提高教师的学术水平和教学能力。同时建立了科学的教学评价机制，对学生评教和督导评教结果进行加权处理，分析研究授课教师的教学效果和大纲的执行情况，对整个人才培养的过程与效果进行评估和掌控。

关键词：教学改革；人才培养

一、认证梳理人才培养和社会需求的关系

教育改革是高校工作的永恒主题，经过长期探索与实践，我们在人才培养方面积累了丰富的经验，形成了"目标明确、特色鲜明、体系完备、分类培养"的人才培养理念和行之有效的教学方法以及专业建设机制，通过完善课程体系，更新教学内容，提高培养质量，在继承中不断发展，在发展中努力创新。我校电子科学与技术专业在全国 135 所高校的同类专业中有较高的知名度和影响力。自创办以来本科生的平均就业率高达 99%，人才培养质量得到了社会的广泛认可。

但随着社会和科学技术的快速发展，生源状况和社会需求都发生了很大变化，人才培养面临新的问题。如何调整教育理念、培养方案和课程体系，以适应社会需求和科技发展的变化，已成为高等教育面临的重大问题。我们的改革思路是：综合改革必须认真梳理现有的教学体系和培养方案，在保持现有优势的基础上找出存在的问题以及与科技发展和社会需求不相适应的地方，通过广泛征求教师、学生、用人单位的意见和建议，收集资料，分析新形势下本科生培养质量的问题所在，有针对性地进行改革。

通过认真梳理和深入研究，我们理清了如下五个主要头绪：

(1) 近年来毕业生只有很少一部分去从事学术工作，大多从事中小企业的管理、营销、保障等工作，自主创业的比例也在逐年增加。因此，分类培养势在必行，不仅要因材施教，还要因需施教。探索在一、二年级注重打基础、宽口径，第三年开始，根据个人特点和意愿，按照将来做学术型工作、企业的管理或技术工作、营销或自主创业三种类型进行分类培养，给学生较大的自主权。

(2) 探索建立电子科学与技术专业"核心知识结构体系"，主要解决课体系的优化问题。通过删减或压缩不必要的课程，突出和强化最必要的课程。这种"最小知识结构体系"，既不能因循守旧，也不能完全跟风。通过深入调查研究，组织校内外专家、一线上课和从事研究工作的老师，走访毕业生及相关用人单位，了解他们对大学期间必备知识的需求和建议，认真梳理筛选本专业本科生必须掌握的重要知识，建立电子科学与技术专业本科生应具备的知识结构体系。

(3) 改革和修订主干课程内容，探讨如何在现有的大环境下，使学生能够在核心知识结构体系框架内学到更多的知识，如何克服过多的强制性，如何加入引导性、兴趣性的内容，使学生在学习过程中感受到乐趣。认真梳理课程的内容设置、时段安排，将重复的内容删减优化；改善理论课与实验课内容脱节的现状，将相关实验与理论课捆绑，加强理论联系实际，提高学生学习的积极性和自主性。在此基础之上，修订出版主干教材，建设精品课程。

(4) 建设大学生自主创新实验基地。自主创新实验基地进一步加强了实验教学质量，培养学生的基本工程素质和基本实验技能，倡导自选性、协作性实验；培养学生独立分析处理问题的能力以及创新思维，培养学生的创新精神。

本基地也为大学生创新性实验计划项目和学生大面积受益的课外科技活动服务，并加大师资投入，鼓励每位学生在本科学习期间至少参加一次校"星火杯"等课外科技发明制作活动以及学院"联建杯"大学生课外科技作品竞赛，切实培养学生的创新精神和动手能力。

(5) 建立科学的教学评价机制，不断提供提高教师的学术水平和教学能力。要办好一所大学、一个专业关键要看能否拥有一支高素质、高水平的教师队伍。因此，教师队伍建设将是专业建设各项工作的重中之重。

完成这些工作，其任务十分艰巨和繁重，为此，我们先切实做好以下两方面的基础工作，为教育改革和持续提高人才培养质量创造良好的氛围和环境。

① 建立教授为本科生授课的制度，请优秀教师为本科生上课，坚持做好现有教师进修深造和老教师的传、帮、带作用。加快在职教师的培养，提高其学历层次，使学校的优质教育资源真正能够服务于学生。

② 健全教师讲课质量评价机制和标准，将学生评教和督导评教结合起来，形成制度化和常态化，严格教学过程管理，逐渐形成一整套合理、完备的教师管理、考核、晋升、聘任的制度体系，努力创造有利于优秀人才脱颖而出和发挥才干的制度环境。

二、加强基础建设，探索体制创新

本项目对教育理念、人才培养方案、课程体系的改革进行了积极的探索，主要的创新包括：

(1) 建立"核心知识结构体系"。

现代社会科学技术发展很快，一个合格的社会建设者需要掌握的知识正在爆炸式地膨胀，课程体系日趋臃肿，不少课程缺乏关联，学生负担越来越重，难于全面扎实地掌握，背离了人类的认知规律。一个科学的培养方案，必须在浩瀚的知识海洋中做出判断和选择，确定哪些是本专业大学生必须掌握的知识。本项目在认真研讨、广泛调研的基础上，致力于构建"核心知识结构体系"。

(2) 因材施教、因需施教、分类培养的人才培养机制。

随着我国高等教育规模的不断扩大以及国家和社会对人才需求的多元化发展，我们的培养目标、培养方案和整个课程体系都面临着新的挑战。使大多数毕业生能够尽快适应社会建设需求，已经成为我们的主要任务。原有的人才定位和课程体系在一定程度上与当前形势和需求发生矛盾，因此进一步深化改革、优化资源配置、提升本科教学质量势在必行。培养方案的修订、课程体系的制定、培养过程的实施必须积极响应科技发展和社会需求的这种特点，全面落实因材施教、因需施教、分类培养。

(3) 教材、精品课建设。

突出和完善已初步形成"宽口径、厚基础、重能力、高素质"的特色，体现"核心知识结构体系"的构架结构，加强数理基础和专业基础，突出工程技术手段和方法，及时反映当前的发展趋势。我们的教材、精品课建设都是按照这样的思路进行的。例如，在陕西省精品课程"物理光学与应用光学"的建设中，除了保持原有特色，我们还做了如下改进：

大力加强基本概念、基本理论体系，为后续课程学习打坚实的理论基础，并注重与后续课程的衔接。从而进一步做到：① 课程理论体系结构新颖，既保持光学学科理论体系的完整性，又突出光电子技术的应用特点；② 突出创新性教育，特别注重教学内容的基础性、科学性、前沿性，既注意对学生传授知识，又注意培养学生的创新思维能力；既注意讲授基础知识，又注意讲授有关光学发展的最新研究成果；③ 建设精品教材，不断修订完善教材，形成辅导习题集等。此外，为加强理论联系实际，本课程的实验教学将新开出专业基础型、专业型和研究型实验，结合开放实验室教学，提高学生分析问题、解决问题的能力。

(4) 校企合作，引入由丰富工程经验的企业教师授课，提高学生对现代工程理念和工程实践的了解。

坚持走"专兼职并举"之路，借用国内外一切可能的智力资源，"不求所有、但求所用"，形成以专职教师为主体，兼职教师为补充的教师队伍新格局。我们已经聘请了中科院西安光机所的高水平的科技人员到学校兼职，并举办各类学术讲座，使我们的教学内容进一步结合科技的发展和生产实际，使学生更具有"工程"能力。

三、培养质量不断提高，教材建设成绩突出

通过不断改革人才培养模式、课程体系结构，精心打造核心教材、努力建设精品课程，不断提高教师水平，在人才培养效果和优质教育资源建设方面取得了很好效果，主要体现在以下两个方面。

1. 毕业生就业率高，得到了社会的广泛认可

近三届电子科学与技术专业毕业生毕业和就业情况如下：

届别	招生数	按期毕业人数	取得学位		研究生录取		就业率/%
			人数	比率/%	人数	比率/%	
2012	245	245	243	99.2	107	43.7	99.6%
2013	240	240	237	98.8	107	44.6	97.9%
2014	238	238	235	98.7	101	42.4	98.3%

每年在考上研究生的学生中有 20％以上考入其他兄弟大学，其中有不少学生考入清华大学、北京大学、复旦大学、中国科技大学

等国内一流大学继续深造。

2．教材建设成绩突出，国内高校使用率高

教材是科学理论知识和教学经验融合的产物，更是教学大纲、教学要求、教学层次水平的综合体现，也是提高学科知名度和影响力的重要体现。在保持已有优势基础上我们又取得了如下成绩：

(1) 《光电子技术(第四版)》已与科学出版社签订合同，约定在"十一五"国家级规划教材的基础上，作为出版社重点教材来争取国家级规划教材。

(2) 《光纤技术》第二版修订工作已完成，于 2014 年底由科学出版社再版。

(3) 根据深化改革的需要，以及近三年电子科学与技术专业的使用情况，制定了《激光原理与技术》修订方案，于 2015 年由科学出版社再版。

(4) "物理光学与应用光学"省级精品公开课已完成全课程录像。

(5) "光电子技术"省级精品公开课已完成全课程录像。

(6) "激光原理与技术"新获批为省级精品公开课。

其中，《物理光学与应用光学》、《光电子技术》、《激光原理与技术》等教材多次再版，被哈尔滨工业大学、天津大学、华中科技大学、西北工业大学、长春理工大学、西安理工大学、西安邮电大学、深圳大学等 100 多家单位选作相关专业教材。

另外，电子科学与技术专业于 2010 年获批国家级特色专业，实验教学中心 2011 年获批省级人才培养模式创新实验区。

注：本成果基于陕西省"电子科学与技术专业综合改革试点"和西安电子科技大学"电子科学与技术专业综合改革试点"两个资助项目。

(执笔人：曾晓东)

依托外语竞赛基地，多方位促进学生自主学习能力的外语第二课堂

项目完成人：杨　跃　王燕萍　郎　曼　朱琳菲　邹甜甜
　　　　　　刘一鸣　聂　琳
项目完成单位：外国语学院

成果简介：在大学外语的基础教学中，自主学习能力既是重要的教育目标，也是学生获取知识、发展技能的重要条件和途径。传统的外语教学主要依托课堂教学，而大学英语的课堂教学时间非常有限，且传统的大学英语课堂教学偏重考试所需知识，学生常处于被动学习状态，自主学习能力较差。外语第二课堂，主要是指教师在大纲规定的课程之外，参与并帮助学生进行外语学习活动，是对常规课堂教学的延伸和补充。西安电子科技大学的外语第二课堂创新实践项目，主要依托外语竞赛基地的建设，围绕英语演讲与辩论的训练和竞赛活动进行开展，重在培养学生在外语学习中的自主学习能力，弥补传统大学英语课堂教学的不足。

依托外语竞赛基地的自主化管理和可持续发展，以多方位促进学生的自主学习能力为主要目标，本成果解决的主要教学问题有：提高学生自主学习积极性，有效培养学生自主学习能力；改善传统英语课堂教学模式，促进教师及学生双向资源的整合；实现竞赛队伍的可持续发展。

关键词：第二课堂；外语竞赛；演讲辩论；自主学习

一、引言

21世纪是终身学习的时代，也是自主学习的时代。教育部对培养学生的英语自主学习能力提出了较高要求，强调新的教学模式应使英语的教与学可以在一定程度上不受时间和地点的限制，朝着个性化和自主学习的方向发展，并把学生自主学习能力的发展作为教学模式改革的目的之一。外语教学研究的重点从研究如何"教"转移到如何"学"，这也体现了调动学生自主学习能力的重要性。

传统的外语教学主要依托课堂教学，而大学英语的课堂教学时间非常有限，且传统大学英语课堂教学偏重考试所需知识，学生常处于被动学习状态，自主学习能力较差。外语第二课堂，主要是指教师在大纲规定的课程之外，参与帮助学生进行外语学习活动，是对常规课堂教学的延伸和补充。西安电子科技大学的外语第二课堂创新实践项目，主要依托外语竞赛基地的建设，围绕英语演讲与辩论的训练和竞赛活动进行开展，重在培养学生在外语学习中的自主学习能力，弥补传统大学英语课堂教学的不足。

二、实践模式

依托外语竞赛基地的创新管理模式，多方位培养学生自主学习能力的外语第二课堂实践项目的主要运作模式如下：

1. 自愿入队、自主管理、自主办赛

每年秋季学期，外语竞赛基地进行招新。在学生自愿报名的基础上组织选拔，通过选拔的学生定期参加竞赛队伍的常规训练。从是否报名参选，到是否坚持常规训练，完全由学生自主决定。外语竞赛基地目前下设六个部门，从竞赛队队长到各部门部长均由学生担任，竞赛队伍的年度招新、换届选举、训练内容及时间场地的安排、设备管理、比赛选拔、赛事组织、对外宣传等工作全部由学生自主完成。

同时，采用教师统筹、学生主办的方式自主办赛，为队员提供赛场练习机会，实现"以赛代练，以练促赛"。目前由西电外语竞赛基地自主举办的外语赛事包括："西北高校英文辩论联盟赛"(简称NPUEDL，这是我校外语竞赛基地开创并独家举办的大型英语辩论赛事)、"西安辩论社团青年赛"(简称 XDS，这是我校外语竞赛基地开创的赛事，现由各高校轮办)以及"国际辩论教育协会(IDEA)西北地区赛"。其中 NPUEDL 已由我校主办六届，现已发展成为西北地区高校最大规模的英语辩论赛事。外语竞赛基地的自主办赛，不仅为我校赢得了荣誉，也更激发了学生在外语学习中自主学习的动力。

2. 竞赛队伍以老带新

在常规训练中，竞赛队的老队员在接受训练，进一步提高自身能力的同时，也会作为助理教练，辅助指导教师对新队员进行培训和指导。换言之，老队员既是受训者，又是指导者。学生通过"指导者"的角度，自我监控学习进展，并在与队友的切磋中检查自己在队伍中的学习水平，找出自己的强项和弱项，明确下一步的学习重点。这种竞赛队伍"老带新"的模式既增强了学生自主学习的动机和能力，又在很大程度上解决了外语竞赛基地师资短缺的现实问题，保证了竞赛队伍的可持续发展。

3. 多维度参与英语演讲与辩论活动

学生可通过多种渠道参与各级各类英语演讲与辩论活动，从而多方位受益：① 参加各种级别的英语演讲辩论比赛，并通过赛前的集中培训进行自我提高；② 做比赛随队评委或独立评委，在观摩比赛并评定比赛名次的过程中，学习从评委的角度看不同选手的表现，有利于在总结学习技巧的基础上提升能力；③ 做志愿者或大赛组织者，不但有更多机会参加培训并观摩比赛，而且能锻炼自己的管理和沟通能力；④ 做外语第二课堂建设的相关项目，利用英语演讲和辩论的丰富资料，申报国家级或省级大学生创新创业训练项目。

4. 改革传统教学模式，以赛促教

英语演讲辩论竞赛培训中，指导教师重视提高每个学生的参与度，注重案例教学，所以在教学中，每一个个体都需要贡献自己的智慧，没有旁观者，只有参与者；在竞赛培训中，指导教师把每个学生看成是学习的主体，与学生建立平等的教育交往关系，不是同化学生的思想，而是鼓励多元与发散，让个体进行独立的判断与选择；在竞赛培训中，教师所设立的均是开放性题目，鼓励学生积极地思考和创新。在这样的竞赛培养模式启迪下，竞赛基地的教师团队在2013年10月成功申请了以"批判性教学法在英语专业课程教学中的探索与实践"为题的教学教改项目，将竞赛培训理念、培训方法、考核评价体系等推广到常规英语课堂中。

三、主要成果

1. 提高学生自主学习积极性，有效培养学生自主学习能力

相比于传统课堂学习中学生所处的被动地位，英语演讲与辩论的组织完全是在学生自愿参与、自发受训的基础上成立的，因而聚集起来的是志向相投的学生群体。学生在与同辈人相互交流的过程中，主动反思自己外语学习的不足和进步方向，在积极的学习状态中达成高效的学习目标。外语竞赛基地授予学生自主管理权、自主学习的自由及相互指导和共同进步的平等感。演讲辩论训练中，结合各种话题的讨论来激发学生充分调动各方面知识，同时激励学生在训练之后能够通过主动阅读发掘相关信息点。

外语竞赛基地的演讲辩论训练培养了学生自主学习的认知学习策略。每次训练都要求学生针对不同的话题和辩题以及不同的视角自主查阅大量资料，独立对信息进行整合和梳理，进而形成自己独特的观点和逻辑。这样的学习模式有助于培养学生的认知学习策略，使他们在离开这个学习环境后仍然能独立自主地进行学习。

演讲辩论训练同时优化了学生的合作学习策略。外语竞赛团队

在多年的持续发展中形成了极强的凝聚力，而"老带新"的训练模式正是这种凝聚力的纽带。老队员通过向新队员传授相关的知识和技能获得了更多的自信心，并在不断总结知识和技能的基础上提升自己的综合能力；新队员在轻松的学习环境中获得了充足的相互交流的机会，进而更加有效地利用学习资源。这种训练模式极大地优化了学生的合作学习策略，使学生明白了如何在合作学习中处理好相互依赖与个人责任之间的关系，降低了学生的焦虑感，增强了他们的自尊心和自信心，有助于学生建立健康的人际关系，培养团队精神和协作能力。

2. 改善传统英语课堂教学模式，促进教师及学生双向资源整合

传统的课堂教学模式是一种"记忆型教学文化"。在这种文化中，教师的作用是向学生传递信息，学生的作用是接受、存储信息，并且按照这些信息行动。这种文化环境培养的是学生被动接受知识的倾向，而不是积极地探寻和评价信息。传统教学中教师是"话语霸权者"，所有的知识和信息基本全靠教师一人传递。而英语演讲与辩论训练是一种师生相互交流和探讨的过程。训练中对一特定话题的知识背景的阐述和拓展，是综合了师生双方的信息量而提炼出来的，这种师生共同研讨、互相学习的方式大大拓展了获取信息的渠道及信息量。

在英语演讲辩论竞赛培训中，指导教师重视提高每个学生的参与度，把每个学生看成是学习的主体，与学生建立对话式平等教育模式。教师从授课主体变为建议者和督促者，将传统的"老师讲学生听"的教学方式转变为"学生讲老师听"的更为有效的知识传递模式，将学生变为主要参与者，成为自主学习的主体。

3. 实现竞赛队伍可持续发展

竞赛队伍持续发展的核心要素在于学生的投入度与竞赛团队的凝聚力。学生的自主管理是培养稳定选手库的前提。竞赛队伍拥有完善的管理机构，在教师指导下由学生自主管理。年度招新、换

届选举、场地安排、设备管理、比赛选拔、赛事组织、对外宣传等工作均由学生自主完成。

在培养学生自主学习能力的过程中，学生对竞赛团队的投入度和关联度也逐步加深加大，极大调动了学生的自主管理热情和参赛积极性。在常规训练中，老队员在接受训练，进一步提高自身能力的同时，也会作为助理教练，辅助指导教师对新队员进行培训和指导。这种"老带新"的训练模式既增强了学生自主学习的动机和能力，又保证了竞赛队伍的长效稳定发展。

竞赛基地设立了独立的对外公共信息平台，发送英语演讲与辩论技巧，推送时事信息，推荐好书阅读，分享赛事信息和队员参赛心得总结，通告招新与训练安排等。信息化平台的建设确保了知识的流通和更新以及新老队员的衔接沟通，有利于队伍的持续化发展。竞赛基地目前已创建的信息化平台包括：人人网账号——西电英文辩论队；微信账号——XDEDA；2013 年大学生自创项目——Vdebate 英语辩论学习网。

四、推广应用效果

西安电子科技大学外语竞赛基地丰富的培训与实践活动在培养大学生综合素质，弘扬团队合作精神，提升就业竞争力，特别是加强大学生自主学习能力方面效果显著，得到了学校、教师、学生和社会的广泛认可。

我校是西安地区最早拥有大学生英文演讲辩论队的四所高校之一。早在 2005 年，我校就派出学生参加"外研社杯"全国大学生英语辩论赛，参赛学生裴蕾荣获全国"最佳辩手"称号。2007 年，依托学校外语竞赛基地成立了西电英文演讲辩论队。近年来，我校演讲辩论队的学生积极参加各级各类英语演讲和辩论赛事，取得了优异成绩。通过常规训练与参赛办赛，学生在提高英语口语表达能力及提升思辨能力的同时，也增强了自主学习能力及自主管理能力。

2009 年，我校外语竞赛基地自主发起了"西北高校英语辩论联盟赛"，并连年主办这一赛事。目前，该赛事已发展成为西北地区最具影响力的辩论赛事，每年会有西北地区 18 所高校的 60 余支队伍参加。同时，我校外语竞赛基地的师生负责在赛前为参赛的所有西安地区选手进行培训，培训包括辩论基本常识、常用技巧、队伍管理经验、赛事筹划组织等各方面内容。这项地区级的大型英语竞赛，从联系赞助、广告宣传、安排场地、安排议程到选手报名、聘请评委、组织培训、招募志愿者等各个环节，全部由我校外语竞赛基地的学生们自主完成。竞赛基地的教师只需提供专业技术指导。外研社负责人对于西电每年能够成功组织这一宏大赛事表示感谢，并对我们竞赛队学生的沟通合作和组织规划能力给予了高度赞誉。

2013 年 12 月，我校外语竞赛基地又成功举办了"第一届西安青年辩论公开赛"，旨在促进西安高校间的英语辩论交流，以比赛为训练手段，在比赛中训练英语辩论。2014 年 11 月，作为西北地区英语辩论发展成熟的高校之一，我校外语竞赛基地与美国国际辩论教育协会(IDEA)合作举办了西北地区英国议会制辩论赛，共有来自西安交通大学、西北工业大学、西安外国语大学、兰州大学等西北地区十余所高校的近 60 支队伍参赛。

"西北高校英语辩论联盟赛"的成功发起和数次主办，赛前培训的承担和主持，"西安青年辩论公开赛"的发起，IDEA 国际辩论赛的承办，使得西电外语竞赛基地的训练模式已推广至西安地区乃至整个西北地区的诸多高校，带动了更多学校、更多学生积极学习英语，培养自主学习能力，提升口语技能和思辨能力的热情和兴趣，也为学校扩大了影响、赢得了声誉。

注：本成果基于陕西省"大学生英语素质教育创新实验区"和西安电子科技大学"英语演讲与辩论竞赛创新模式探索"两个资助项目。

(执笔人：王燕萍)

高校内部教学质量监控长效
机制探索与实践

项目完成人：毛立强　侯晓慧　李勇朝　苏　涛　王晓华
　　　　　　　高有行　张玉明　黄大林　李亚汉　张宇鹏
项目完成单位：教务处/通院/电院/微电院/实验设备处

　　成果简介：本成果贯彻教育部《关于加强高等学校本科教学工作提高教学质量的若干意见》等有关文件精神，结合国家审核评估和高校教学基本状态数据采集等工作要求，在省级和校级教改立项支持下，围绕"建立高校内部教学质量监控机制，保障学校人才培养质量稳步提升"这一重点工作，从理论研究与制度建设、人才培养目标与过程管理、教学资源和师资的科学发展配置等方面进行了实践探索，形成了一套适合我校本科教学过程的高校内部教学质量监控体系。经过近几年的实践总结，该成果为学校本科教学工作的顺利实施和质量提升形成了坚实保障，具有前沿性和系统性的特点，并有着良好的应用推广价值。

　　关键词：高校；教学；质量；监控

　　教学质量是高校发展的生命线，培养经济和社会发展需要的高素质人才是高校的核心职能，而保障与提高教学质量是高校的价值追求和永恒主题。随着我国高等教育由精英教育向大众化教育的过渡，高校人才培养也相应要求实现"从规模扩张向质量提高"、"从外延扩张向内涵建设"的转变。围绕建立内部教学质量监控保障机制这一重点工作，本成果从理论研究与制度建设、人才培养目标与过程管理、教学资源和师资的科学发展配置等方面进行了实践探索，形成了一套适合我校本科教学过程的高校内部教学质量监控体系。

一、学校内部教学质量监控体系的组织构成

我校教学质量监控体系是以校院两级主管领导、教务处各业务部门、教师教学发展中心、教学督导、学院教学管理人员、教师和学生共同作用、相互配合，依据相关制度及考核评价办法形成的一个有机整体(见图 1)。根据监控范围、监控内容和工作重点不同，在不同层次上实施对教学工作质量的监控。

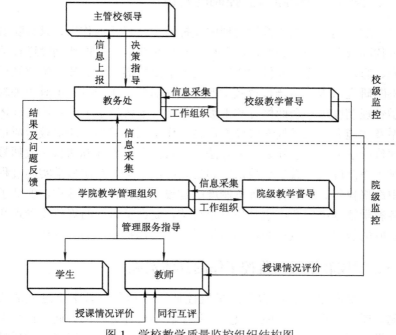

图 1　学校教学质量监控组织结构图

校级层主要负责根据学校的办学定位、人才培养目标等制定相应的教学质量管理制度，组织质量监督评价活动，获取真实可靠的信息并进行分析处理，形成科学的评价结论反馈到教学过程各个环节。学院层一方面负责遵照学校制度规范组织和实施日常教学质量的管理活动，另一方面起着教学过程中关于教学质量信息的收集上报和分析结果反馈落实的作用。在具体的教学质量监控过程中，教务处负责教学工作的组织和监控，广泛收集各方信息，进行统计和分析；校院两级教学督导组负责对课堂、实践教学等教学工作情况的监督指导；学生作为教学活动的主体也参与到对教师教学工作的评价中，教师在同行互评和自我提升中发挥重要作用。

二、教学质量保障与监控制度建设

制度建设在整个教学管理中发挥着举足轻重的作用，只有随着现代高教发展趋势和要求，不断对原有的教学质量管理制度进行补充、修订，才能形成科学依据，提高学校内部管理实效。学校经过不断研究探索，结合教育教学改革工作需要，于 2013 年对相关教学管理制度进行全面修订和汇编，包括《本科教学工作考核指标体系及实施办法》、《教学督导委员会工作条例》、《本科课堂教学质量评价办法》、《教学计划管理办法》、《教材选用管理办法》、《教师教学工作制度》、《教学事故认定和处理办法》等，并在教学实施过程中严格执行。通过各项规章制度的建设、完善和严格落实，保证了各教学管理部门和广大师生有章可依，促进了学校的规范化管理和良好的教风、学风形成，为教学质量的提高提供了有力保障。

三、学校教学质量监控工作的具体实施

一套科学完善的教学质量监控体系应具有对教学全过程的监测、评价和反馈等功能，决定了整个教学过程运行的方向，在整个教学过程中起着至关重要的监测与调控作用。我校始终将教学质量

的保障和科学监管作为工作重点，不断完善学校内部的教学质量监控体系及长效机制，分层次、有目的地对教学质量进行系统的评价、监督和指导，确保本科教学质量的不断提高。此项成果的实施具体包括以下几个方面：

1. 不断完善院级本科教学工作考核，为教育教学管理形成科学导向

为了贯彻落实教育部《关于加强高等学校本科教学工作提高教学质量的若干意见》等有关文件精神，加强学校对院级本科教学工作的监督指导，持续有效地提高我校的教育教学质量，学校在保持每年一度的院级本科教学工作考核的基础上，不断完善修订考核指标体系及实施办法，为学校和学院的教学管理工作提供科学导向。2010 年修订的指标体系从理论教学、实验实践教学、教学研究与改革、教学管理、教学质量监控五个方面，结合获奖加分和违规减分情况对各学院的教学工作进行考核。考核实施过程中，根据监控范围、监控内容和工作重点不同，组织了包括学校和学院领导、教学督导、教务处、各学院教师和学生，在不同层次上实施对教学工作的评价，结果进行统计分析后为日后提高教学工作水平和科学决策提供依据。

经过两年的考核工作结果分析和其他高校调研过程发现，该指标体系能分析全校各项工作的发展情况，以及各学院整体得分变化，但是数据采取绝对值，并没有用相对值来观测学院各项教学工作的投入和产出情况，指标涵盖的内容也多是常态化的数据而缺少对学院动态发展的关注，也就缺乏对今后工作重点的科学指导。另外，以往学院本科教学工作考核采取专家打分的形式具有一定的主观性。伴随着我国高校建设的快速发展，本科教育质量的评价标准在不断地提升，这就需要根据学校教学工作发展规划和工作重点，定期对评价指标内容进行科学的修订，改进评价的方式、方法等，遵循高校本科教学发展规律，定期开展内部教学工作状态评估，让

各学院明确自身在教学管理工作中的优势与不足，从而更好地发挥教学质量监控的诊断、引导、激励作用。

结合国家审核评估和高校教学基本状态数据采集的相关工作要求，在省级、校级教改项目立项支持研究的基础上，经反复论证形成了修订后的年度院级本科教学工作考核指标体系及实施办法。修订后的指标体系包括教学基地与师资队伍、教学运行、实践教学、教学研究与改革、学生发展、教学质量监控、教学异常及特色项目八个大类，共 89 项二级指标。通过应用到 2013 年度的院级考核发现，不仅考核内容涵盖更加全面，也体现出了新的特点和优势：

(1) 取相对值，根据不同学院的办学规模和师资力量衡量其工作，各学院每一项指标的得分也由相对值比较得出，更加客观、公平，也有利于大家找准差距，发现不足。

(2) 采取动态评价，考核增量，充分肯定学院工作中的进步和取得的增量，通过评价指标的导向作用使大家用发展的思路衡量本科教学工作，起到更好的指导和激励作用。

(3) 评价数据从日常教学运行中采集，相较以往的专家根据自评报告和教学档案抽查给分，更加科学、客观，避免了长期以来形成的印象在一定程度上造成影响。

教学质量监控工作的目的，不仅是检查评优，更重要的是从中发现问题、解决问题，调动全校上下对教学工作投入的积极性，为教学工作的不断完善提供改进依据，形成科学导向。因此，院级本科教学工作考核指标体系及实施办法的不断完善，是学校内部教学质量监控体系的重要组成部分。

2．构建实施校—院两级教学督导制度，稳步提高教师队伍的业务水平

我校从 2000 年起就形成了本科教学督导组织，并在学校教学质量监控体系中发挥着不可或缺的作用。在长期的实践工作中完成的主要工作有：有计划、有目的地深入课堂听课，根据全校各学院

所开设课程的情况，督查教学内容、方法、手段的改革及教学大纲的执行情况，督查教师的课堂教学及学生的学习情况，收集教学运行过程中的相关信息并提出相应的改进意见；对实验教学、实习环节、毕业设计、毕业论文答辩及期中、期末考试等教学环节和教学管理制度、文档、资料等进行质量检测、监控，全方位保障教学质量；收集广大师生对学校教学工作的意见和建议，总结推广好的教学经验，对学校教学工作提出建议或改进意见。

为了提高教师教学水平，特别是加强对年轻教师授课的帮助，督导逐年加大对课堂听课的力度，通过统计发现，近三年，近半数学院的督导评价优良率稳步提高。另外，督导组也在课堂听课、毕业设计检查、师生座谈的过程中发现并开展专题工作，研究教学、指导教学。如2012年5～10月，在校人事处和教务处的支持与帮助下，校督导组组织并完成了"概率论与数理统计"课程教师的培训与学术交流活动。通过教师们的反馈意见，我们发现此项工作深受任课教师欢迎，为教师教学能力提高等相关工作提供了有力借鉴。督导组在多年毕业设计工作调研基础上，形成了科学的毕业设计管理过程检测流程，为此项工作的提升起到了很大的帮助作用。另外，对于课程的安排和衔接方面，督导组也通过广泛调查研究，提出了合理化建议供管理决策所用。

伴随着我校在本科教学质量提升工作的实施，对教学督导队伍和工作方式也必然提出更高的要求。在研究总结原有工作的基础上，学校于2013年正式建立了校—院两级督导制度，组织有着丰富教学经验和学术水平的专家教授，成立学校和学院两个层面的教学督导工作组，使学校和学院的工作相互配合、共同促进，加强对不同性质课程的分类督导，从而更有重点和针对性地开展各项教学质量监控工作，有效推动我校教师教学水平的提高。通过一个多学期的实施我们看到，一方面，学校督导组可以将更多精力用在对学校平台课程和实验实践环节的督导，以及长期工作过程中发现的突出问题的研究中；另一方面，学院督导发挥自身优势，更多地覆盖本学院专业课程的建设和教师教学水平的提高，也切实为本学院的人才培养过程起着重要的辅助决策作用。

3. 科学组织学生评教活动，加强"教"与"学"的互动反馈

课堂教学是高校教学工作的重要环节，课堂教学质量直接影响着学校的人才培养质量。为了使广大教师和教学管理人员及时了解学生对课堂教学工作的意见和需求，以便有针对性地改进教学，不断提高教学质量，我校每学期进行一次学生评教活动。2011年，学生评教的形式由传统的填涂问卷改为网上评教，方便了学生参与和后期数据的统计分析。在对工作实践总结和国内外调研的基础上，2013年对学生评教系统功能进行分析改进，并集成到教务管理系统中，通过技术手段将评教参与范围扩大近50%，为之后实现全员评教进行了有益探索，而且也丰富了数据的采集统计功能，增加了数据的有效性与可利用率，为教学管理和研究工作的开展积累了重要的数据材料。

为了不断适应时代发展对高等教育教学改革的要求，构建一套符合现代大学教育理念的学生评教指标体系，正确发挥评教的导向、激励等功能，促进教师教学水平的提高，学校适时对评教指标体系进行修订，保证指标内容既能反映教学过程的各个主要观测点，更做到从学生的角度出发，方便学生给出明确、有效的评价。2014年新修订的学生评教指标体系借鉴国外知名高校的相关工作经验，通过课堂教学、作业反馈、学术支持、课程组织和个人发展五个方面，共15项指标，评价教师的课堂教学工作以及对学生成长的帮助作用。另外，通过学生的开放性问题反馈，发现学生对教学过程和教师授课的宝贵建议，可以帮助我们完善教学管理和提高教师教学质量，更好地为学生服务。

学生评教工作的效果很大程度上取决于广大师生的理解与支持，因此，做好校内宣传动员，让老师和学生正确看待评教，增强责任感，积极主动地形成良性互动的氛围，才能使此项工作发挥更大的作用。另外，对结果的科学反馈也是其中关键环节，让教师看到学生对自己教学工作的肯定与感谢，有利于激发教学热情和使命感，而对于教学中的不足之处进行定位和分析，可以帮助教师更有针对性地改进工作，不断提高业务水平。

4．开展多样化的教学评价活动，促进教师教学能力发展

为了形成全校上下共同重视教学、投入教学的良好氛围，学校在继续严格落实《领导干部听课制度》的基础上，积极开展同行教学评价。首先是学校和各学院领导干部深入课堂，实时了解和掌握教学情况。这项工作的实施为广大学生、教师与学校领导之间架起了一座沟通的桥梁，这种良性的互动与有效沟通不仅有助于形成良好的教学氛围，也为领导干部及时积累信息，发现教学过程中的共性和典型问题，加强教学管理，切实提高我校人才培养质量起到积极的促进作用。而同行教学评价工作开展的目的不是教师之间相互打分，而是让同一门课程或相近课程的教师之间结束过去"单兵作战"的教学困局，加强交流、互相学习、共同提高，这也有利于推进我校教学研究和课程建设相关工作的实施。

为促进教师的教学荣誉感，引导教师重视教学、投入教学，履行教书育人职责，学校制定本科教学突出贡献奖励标准与办法，建立有效的教师教学奖励和激励制度。各类教学业绩(竞赛获奖、教改项目、教学成果、教学论文等)均纳入岗位考核体系，教学奖励额度与科研奖励持平，在职称申报体系中也与科研同等对待，提高教师参加教学竞赛，从事教学研究和改革的积极性，开展教师优质教学质量奖评选，促进教学质量的提高。2013年教师优质教学质量奖评选对196名教师进行了奖励。另外，我校已成功举办九届青年教师讲课竞赛，理论课程和实践类课程并重，为优秀教师的成长创造脱颖而出的机会，形成了特有的西电特色教学文化。

5. 质量评价结果及时反馈，形成对教学过程的科学调控

质量评价的最终目的是通过教学运行数据的采集、分析，发现其中的经验与不足，反馈给相应环节进行改进，形成完整的闭环系统。因此，对评价数据的有效利用，是教学质量监控体系的一项重要内容。

学校在对教学过程进行严格监控的同时，非常注意数据的采集和分析。在开学、期中、期末教学检查中，对课程和教室安排、教师授课、学生到课情况进行全面了解、记录，并将发现的问题及时反馈给学院和师生，促其改进。对学生理论和实践教学环节的各项检查，也形成完整的教学文档和总结报告，方便随时查看和分析整改。年度本科教学工作考核全面覆盖了人才培养过程的主要环节，通过其中各项指标数据的对比分析和及时反馈，有助于学院找到差距，理清改革思路，促进学校教育教学管理工作的规范化，具有很好的参考价值。在校院两级督导工作中，通过随堂听课，面对面与教师进行交流，更加直接地对教师授课进行指导帮助；通过师生座谈会收集建议和意见，结合日常工作了解，开展专题研究，辅助教学管理决策。学生评教过程中，汇总分类学生提出的宝贵建议，并将突出问题反馈给相关部门和授课教师予以解决；对于每一位老师的课堂教学评价，都会以反馈表的形式发到老师手中，帮助教师了解自身优势和不足，方便更有针对性地改进教学。各项教学评优工作的落实，有助于调动教学管理人员与广大教师的工作热情和积极性，使全校上下形成重视教学的工作氛围，齐心协力提高学校人才培养质量。

在教学质量监控常规工作的基础上，学校也会根据每一学期的工作重点，组织专门力量进行调查研究，形成相对成熟的工作改进思路，及时反馈至相关机构和个人，促进教学改革工作实施。通过教学质量保障与监控机制多年来的有效运行，规范了教学管理，增强了教师责任感和学生的主观能动性，保证了正常的教学秩序和教

学各环节的实施效果，为学校本科教学过程起到良好的调控与激励作用。

四、成果的推广应用效果

高校内部教学质量监控体系及长效机制的建立，有利于协调好校院两级管理工作，更好地发挥学院工作的积极性和主观能动性，引导各学院落实学校教学改革整体思路及不同时期的重点工作，强化和突出教学工作的中心地位，形成一套有机联系的教学质量监控体系和激励约束机制，具有良好的应用推广价值。

(1) 教学管理水平不断提高。通过对学院教学工作质量的评鉴和对比分析，准确判断了学院各项工作的成绩与不足，帮助学院发现深层次原因，明确改革的方向，从而不断提高学校和学院的管理决策水平。

(2) 教学秩序得到进一步优化。通过将教学运行各重要环节科学纳入考核评价体系，为教学工作的正常运行提供了实施准则，确保学校教学系统的正常运转和良好教学秩序的形成。

(3) 教师责任意识明显增强。完善后的学校内部教学质量监控体系，通过一系列的教学评价和评优机制，充分肯定教师对于本科教学工作的投入，同时对于教学工作中存在的问题，发现即予以帮助指导。通过各种交流渠道的构建，既规范了教学行为，又起到了增强教师责任意识，调动教学工作积极性的良好效果。

(4) 为学校提供各类教学资源的统计分析数据。通过教学质量监控过程中信息的汇总和分析，得到了重要的教学资源统计信息，为及时准确地了解教学过程中的组织和实施情况提供了非常有价值的参考依据。

(5) 为高校教学管理提供了有益借鉴。教学质量监控体系的质量标准、实施方案、规章制度、评价指标等对教师和学院的本科教学工作提供了导向，而结果信息的反馈促进了教学研究与改革，对整个教学过程进行及时的调控，对高校教学管理工作具有很好的借鉴意义。

五、工作展望

2014年7月至10月，学校在以往教学运行数据积累的基础上，按照陕西省高校教学基本状态数据采集工作要求，建立了数据采集组织机构、明确了职责分工和工作推进流程，对与本科教学运行相关的学校基本信息、基本条件、教师信息、学科专业、人才培养、学生信息、教学管理与质量监控7个大类，69个表格，560个数据项进行采集。以此项工作为契机，我校将进一步完善管理信息化建设，增强数据的分析利用，提高教学质量监控工作水平，为学校的发展提供良好的决策支持平台，同时也为学校迎接教育部审核评估做好准备。

为帮助学校各专业对本专业建设和发展情况进行认真梳理，推进专业内涵建设，凝练专业特色，提升专业人才培养质量，并形成持续改进机制，学校于2014年11月初启动了专业自评工作。在接下来的工作中，将进一步研究专业建设改进机制，为各专业申请国家工程教育专业认证工作提供咨询和帮助，共同推进我校各专业在国内和国际的影响力，为学生发展提供更广阔的平台支持。

注：本成果基于陕西省教育厅"基于数据挖掘的高校教学质量监控系统研究"和西安电子科技大学"高校内部本科教学质量监控体系的构建研究"两个资助项目。

(执笔人：侯晓慧)

附录 I

2015 年我校陕西省高等教育教学成果奖获奖项目

序号	成 果 名 称	主要完成人姓名		主要完成单位	获奖等级
1	电波传播高层次创新人才培养的探索与实践	郭立新　吴振森　葛德彪　魏　兵　李平舟　张　民　郭宏福　韩香娥　韩一平　李江挺		物理与光电工程学院	特等奖
2	教学与科研、工程相融合的微电子本科人才培养改革与实践	郝　跃　郑雪峰　张进成　侯晓慧　庄奕琪　张玉明　冯晓丽		微电子学院	特等奖
3	行业特色型大学实践教学体系建设的探索与实践	郭　涛　孙肖子　周　端　黄大林　胡晓娟　黎　娜　王小娟　张希颖		教务处/电工电子教学基地	特等奖
4	"631"大学生创新创业教育体系的研究与实践	龙建成　郭宝龙　王林雪　李建东　任小龙　朱文凯　黎　娜		教务处/经济与管理学院/团委	一等奖
5	以红色文化传承为特色创新高校思想政治理论课教学模式	郑晓静　漆　思　刘建伟　夏永林　陈鹏联　吴建新　辛　红		人文学院	一等奖
6	活化知识，强化能力，"信号与系统"课程的教学模式改革创新与实践	郭宝龙　闫允一　朱娟娟　吴宪祥　孙　伟		空间科学与技术学院	二等奖
7	青年教学人才培养体系和机制的构建与应用	刘三阳　吴　婷　张鹏鸽　尹小艳　刘　倩		数学与统计学院	二等奖
8	以专业认证为牵引，促进计算机类专业建设的探索与实践	王　泉　崔江涛　马建峰　苗启广　向麟海		计算机学院	二等奖
9	电子信息领域工程硕士培养模式改革与实践	姬红兵　魏　峻　李青山　马　莉　高宝铜		研究生院	二等奖
10	全时段、全方位，构建电子信息工程专业人才培养体系	廖桂生　苏　涛　郭　涛　王新怀　周佳社		电子工程学院	二等奖
11	机电工程类专业综合实践教学体系的改革与实践	李团结　仇原鹰　孔宪光　赵　克　贾建援		机电工程学院	二等奖

附录 II

2014 年度校级教学成果奖获奖项目

序号	成 果 名 称	主要完成单位	成果主要完成人姓名			获奖等级
1	电子信息类大学生创新创业教育体系构建与探索	教务处/经管院/学工处/校团委/党政办	龙建成 郭宝龙 王林雪 李建东 任小龙 郭 涛 李 波 辛 红 林松涛 朱文凯 黎 娜 杨 敏			特等奖
2	利用专业认证促进计算机专业建设的探索与实践	计算机学院	王 泉 马建峰 崔江涛 王卫东 苗启广 权义宁 万 波 田玉敏 向麟海 何燕芝 高 红 张国良 付凯元			特等奖
3	机电工程类专业综合实践教学体系的改革与构建	机电工程学院/综合性工程训练中心	李团结 仇原鹰 赵 克 贾建援 赵 建 张小华 朱敏波 崔传贞 段清娟 张国渊			特等奖
4	青年教学人才培养模式的探索及其成效	数学与统计学院	刘三阳 吴 婷 张鹏鸽 尹小艳 乔俊峰 刘 倩			特等奖
5	基于"工程"教育理念的"信号与系统"课程教学改革与探索	空间科学与技术学院	郭宝龙 闫允一 朱娟娟 吴宪祥 孙 伟 孟繁杰 王松林 李小平 王 辉 张玲霞			特等奖
6	虚实融合、深度参与的信息安全专业实践教学模式探索	通信与信息工程实验教学示范中心	刘乃安 朱 辉 韦 娟 李 晖 张卫东			一等奖
7	电子信息工程专业实验课程体系建设	电子工程学院	史 林 李 林 李隐峰 张建龙 臧 博 刘 靳 包 敏			一等奖

序号	成 果 名 称	主要完成单位	成果主要完成人姓名	获奖等级
8	创建电子封装技术本科新专业,培养高端电子制造创新人才	机电工程学院	田文超　贾建援　高宏伟　崔传贞	一等奖
9	电子科学与技术专业建设	物理与光电工程学院/激光技术系	曾晓东　刘继芳　冯喆君　马　琳　孙艳玲　曹长庆　来　志　鲁振中	一等奖
10	终南文化书院开展立德树人的实践探索——西电以红色文化为特色探索价值观教育新模式	人文学院/终南文化书院	漆　思　吴建新　夏永林　常　新　穆宏浪	一等奖
11	依托外语竞赛基地,多方位促进学生自主学习能力的外语第二课堂创新实践	外国语学院	杨　跃　王燕萍　郎　曼　朱琳菲　邹甜甜　刘一鸣　聂　琳	一等奖
12	教学与科研、工程相融合的集成电路可靠性课程建设与实践	微电子学院	郑雪峰　郝　跃　张进成　杜　鸣	一等奖
13	高校内部教学质量监控长效机制探索与实践	教务处/通院/电院/微电院/实验设备处	毛立强　侯晓慧　李勇朝　苏　涛　王晓华　高有行　张玉明　黄大林　李亚汉　张宇鹏	一等奖
14	网络协议配置、编程开放实验平台及在线学习系统	计算机学院	方　敏　宋建峰　张　彤	二等奖
15	面向改革和创新,建设国家级规划教材《自动控制原理》,打造优秀实践教学平台	机电工程学院	千　博　过润秋　屈胜利　徐文龙　董瑞军　段学超　平续斌	二等奖

序号	成　果　名　称	主要完成单位	成果主要完成人姓名	获奖等级
16	创新制图课的教学理论和方法, 提高课程的教学质量	机电工程学院	许社教　　杜美玲	二等奖
17	物理实验教材体系建设	物理与光电工程学院/物理实验中心	武颖丽　　李平舟　　吴兴林 刘　伟	二等奖
18	《电子电磁技术实验》教材	物理与光电工程学院/物理实验中心	李平舟　　吴兴林　　刘　伟	二等奖
19	基于角色扮演的运营管理实验开发	经济与管理学院	谢永平　　王　曦　　王益锋 王亚民　　齐建臣	二等奖
20	数学建模与数学思维融入教学过程的探索与实践	数学与统计学院	杨有龙　　朱佑彬　　韩邦合 陈慧婵　　吴　艳　　张小斌	二等奖
21	构建"1234"思政课教学模式的实践和探索	人文学院/思政部	陈鹏联　　赵常兴　　刘建伟 夏永林　　韦统义　　程　霞 曹　飞　　禹海霞	二等奖
22	通识教育理念指导下的多层次、多类型大学英语课程体系构建与实践	外国语学院	马　刚　　曹志宏　　陈万庆 樊晓莉　　王　娟	二等奖
23	探测制导与控制技术特色专业实践课程体系和教学平台的建设与实践	空间科学与技术学院	许录平　　孙景荣　　冯冬竹 张　华　　何晓川　　刘清华	二等奖
24	以创新人才培养为目标的学科竞赛组织运行管理模式的探索与实践	教务处/通信工程学院	傅丰林　　郭　涛　　胡晓娟 黎　娜　　王小娟	二等奖
25	"以考代练"对提高普通高校学生耐力素质的实验研究	体育部	于少勇　　白光斌　　张　超 吕小峰　　夏锦民	二等奖